# #AbsolumentMoi

# #AbsolumentMoi

*7 étapes pour être libre,*

*insoumise & indépendante*

## Ophélie Bottin

# Copyright

A toutes ces femmes qui changent le monde chaque jour à leur manière.

A toutes celles qui se tiennent debout quand tout vacille.

A tous ceux qui les soutiennent sans les juger et qui ont compris qu'être une femme, c'est avant tout prendre en main son destin, sans concession ni peur.

A Josiane, Georgette, Joséphine, Juniper et toutes celles qui les ont précédées...

O.

# Sommaire

# Introduction

Alors c'est vrai? Vous êtes bien arrivé?! Chouette... Laissez moi vous souhaiter la bienvenue (presque) en personne.

Si vous êtes en train de lire ces premières lignes, c'est que vous avez fait le choix de prendre votre destin en main sans vous laisser dicter votre conduite par un monceau de Princesses, de crapauds pas frais et de poudre de fée (même pas verte).

Il n'y a pas de meilleurs moments qu'ici et maintenant pour prendre la décision de rebattre les cartes qui sont les Vôtres. Vous n'avez pas besoin de vouloir devenir milliardaire pour être heureux mais apprendre à aimer ce qui fait de nous un être humain, entier et authentique, c'est déjà se rapprocher d'une forme de plénitude.

#AbsolumentMoi n'a pas comme fonction d'être un livre de développement personnel ou d'être une apologie pour un quelconque programme de coaching. Ce n'est ni ma formation ni ma spécialité. D'ailleurs, si vous ressentez le besoin de consulter un spécialiste capable de vous aider à dépasser certains traumatismes, je vous en prie: fermez ce livre et courrez chercher de l'aide sérieuse auprès de quelqu'un de confiance.

Ce livre est un condensé de ce que j'ai ressenti et vécu au cours des 35 dernières années. J'y raconte mes galères et de quelles manières j'ai réussi à m'en sortir. J'en profite pour vous fournir des outils très simples (et pourtant très efficaces) pour reprendre votre vie en main (sans tomber dans la « secte » des lunettes roses et des rivières de lait frais aromatisé à la fraise).

J'espère qu'#AbsolumentMoi vous procurera autant de plaisir et de découvertes à la lecture que ce que j'ai ressenti durant la phase d'écriture. Pour tirer le meilleur parti de ce livre, je ne saurais que trop vous conseiller de fermer vos téléphones portables, de foncer sous une couverture et de prendre votre boisson préférée.

Faites en un moment agréable ... Faites en un moment qui vous ressemble et arrêtez de penser que vous devez faire ce qu'une pseudo majorité vous impose. Vous êtes unique, il est temps de le montrer!

*Ophélie B.*

Pour en savoir plus: **www.opheliebottin.com/absolumentmoi**
Pour télécharger vos exercices en PDF:
**www.opheliebottin.com/absolumentmoi/exercices**
Pour participer au challenge gratuit:
**wwww.opheliebottin.com/challenge**

# Chap 1: Les "merveilles" de l'enfance

Je suis devenue adulte à l'âge de 10 ans: le 9 Mars 1992 à 13h37. Une journée comme tant d'autre, a priori.

Ma mère était institutrice, on vivait dans un petit village de Lorraine. La carte postale type de l'endroit où rien ne se passe et où on attend que les cloches sonnent pour profiter du temps et de la campagne autour. Les vaches partagent leur temps entre le pré et les granges... quand elles ne sont pas en train de croiser des moutons ou d'autres volatiles au détour d'une basse cour.

J'étais rentrée à la maison pour déjeuner et retrouver Câlin, le Saint Bernard aussi gourmand que dodu. A 13h15, j'ai quitté la maison, j'ai refermé la porte à clé. J'avais hâte d'aller à l'école et je me dépêchais d'arriver parce que cet après-midi là, on allait pouvoir travailler sur un ordinateur. Ca a l'air dingue à écrire maintenant mais à l'époque, c'était pratiquement une petite révolution de voir un curseur blanc avoir le hoquet sur une page totalement noire...

Sauf que, ce jour-là, à 13h37 le cours d'informatique n'a jamais commencé, une coupure d'électricité a plongé une grande partie du village dans le «noir». Je ne me doutais pas que ma vie venait de basculer. A 16h30, la cloche a sonné. J'ai rangé mes affaire J'ai quitté la classe puis l'école. J'ai descendu les quelques marches et j'ai dit au revoir à la maitrsse.... J'ai refait le chemin à l'envers, il n'y avait qu'un virage... quelques mètres et je verrais la maison.

J'ai parcouru les quelques mètres... mais il n'y avait plus rien. J'ai d'abord cru que j'avais mal regardé... ou que j'avais commis une erreur ou que.... RIEN. Quand je suis arrivée devant la maison, j'ai regardé... déconfite les ruines de ce qui avait été notre maison.

Ma mère n'était pas encore rentrée. Moi, j'étais là... toute seule... un peu sonnée, hagarde, sans vraiment savoir ce que j'étais censée faire du haut de mes 10 ans et quelques. J'aurais voulu crier ou pleurer mais rien n'arrivait à sortir... Même pas un son.

Les badauds et les curieux ont commencé à se masser autour de ce qui restait. Un voisin m'a bousculé en riant. Il a marché sur mon sac d'école. J'ai juste entendu mes crayons de couleurs se fracasser et puis ma mère est arrivée.

Il allait falloir trouver une solution... et personne ne serait là pour nous aider (mais ça je ne le saurais qu'après).

*Tout un commencement vous ne trouvez pas?*

On est loin du conte de fées avec «Il était une fois» dans une famille heureuse, deux parents qui aimaient leurs enfants au milieu d'un joli château rose entouré d'arbres de barbe à papa. L'enfance n'est pas connue pour être la phase la plus marrante (jusque là, ce n'est pas un scoop). C'est souvent une période d'apprentissage et de confrontation où on grandit physiquement mais aussi émotionnellement. L'enfant y structure une grande partie de sa confiance en lui, de son estime. C'est aussi à ce moment là qu'on apprend à évaluer sur qui on peut compter et de quelle manière on peut interagir avec l'Autre.

Après l'effondrement des 3/4 de la maison, je suis devenue somnambule. Je quittais mon lit en pleine nuit. Je descendais les escaliers pour ouvrir la porte d'entrée et quitter la maison. Je me souviens avoir fait, durant plusieurs années des cauchemars, où je restais coincée sous les pierres. Il y avait aussi la version où que je creusais des décombres à mains nues pour retrouver ma mère qui m'appelait au secours. Je me réveillais en regardant mes mains... Je m'attendais à les voir couvertes de sang et arrachées à force de creuser la pierre.

Autant être réaliste, cet événement a considérablement modifié ma perception des choses et des gens. Je me suis rapidement aperçue qu'on ne peut pas forcément compter sur ceux qui devraient répondre présents et qu'il y a un gouffre entre ce qu'on peut espérer de quelqu'un et ce qu'il est réellement en mesure de nous «donner». En l'occurrence, dans cette histoire, ma « famille » a tourné les talons aussi surement qu'un coureur du 100 mètres cherche à passer la ligne.

Ni réquisitoire, ni jugement... juste un constat encore un peu amer sur la condition humaine. Comme dans la chanson de Bénabar «Tu peux compter sur moi», il y a des conditions qu'on ne maîtrise pas et des règles du jeu qu'on apprend après avoir perdu la partie...

Manque de chance, toutes les parties ne peuvent pas être rejouées et il n'y a pas de bouton RESET si on perd une vie pour avoir raté une figure sur la Wii. Les conséquences sont là et il faut les assumer même si on n'est pas prêt, même si on a peur, même si on a l'impression que rien ne peut s'améliorer, même si on est fatigué, même si on est déjà trop souvent tombé... même si on se demande comment on va faire pour arriver à se relever encore une fois.

Idéaliste et trop naïve, je pensais que nous pourrions compter sur le soutien moral de l'entourage... qu'il serait là pour nous aider à trouver une solution. La suite des évènements m'a prouvé que j'avais tort...

# Section 1 Le syndrome de l'enfant Unique

Après l'épisode de la maison, on a vécu une période compliquée entre bataille d'experts et agents d'assurance, avocats et autres joyeusetés du même genre... Au final, la tempête qui avait soufflé n'était «pas considérée comme assez importante» pour «justifier une indemnisation» parce que "le vent n'a pas été considéré comme un phénomène naturel". (Ben, tiens, tout le monde sait qu'on fait du vent en boite). Nous avons fini par quitter la maison quelques semaines après qu'un incendie ait fini par nous faire craindre le pire. Ma mère a quitté son poste et a cherché un endroit où nous pourrions vivre un peu plus au calme.

Entre temps, j'ai grandi. Je vais bientôt entrer en 6ème, personne ne sait ce qui m'est arrivé. C'est ma chance de tout recommencer à zéro. C'était sans compter sur un couac ou deux. Après Martine à la plage, on a rédigé « Ophélie rentre en sixième ».

Le jour de la rentrée des élèves est AUSSI celui de la rentrée des instituteurs... Je me suis retrouvée dans la cour du collège au milieu d'une bonne centaine de personnes: élèves, parents, grands parents, nounous.. venues accompagner les «petits nouveaux» pour leur entrée au collège.

Je n'avais pas pensé à me mettre tout à fait devant... Grosse erreur, quand mon nom a été appelé, j'ai été noyée dans une marée humaine essayant de lever le bras pour me faire connaitre. Heureusement, j'ai pu compter sur la gentillesse d'un papa pour dire au directeur que j'étais bien là et que j'arrivais. La foule s'est ouverte devant moi et j'ai entendu les chuchotements (oui, j'avais déjà une très bonne oreille à l'époque)...

*«Elle doit vraiment être bizarre pour être là toute seule»*

*«Comment ça se fait qu'elle soit toute seule...»*

*«Franchement, y'a quand même bien quelqu'un qui aurait pu l'amener.*


Aux mines affligées se succédaient les visages interrogateurs, je ne savais déjà plus où me mettre. J'avais envie de fondre dans un trou et de disparaître. Travelling avant sur le fameux «état des lieux» comme j'ai fini par l'appeler avec les années. Vous savez ce moment particulièrement embarrassant où on vous demande de vous présenter, fiche à l'appui, et de vérifier que vous êtes bien la fille de Machin et de Truc... et qui sont vos frères et soeurs sans compter les options...


Dans mon souvenir, ça se passait un peu comme ça:

- Alors Ophélie _______, tu es bien née le ..... Août....

- Oui

- Ta mère s'appelle ___________ _______. Oh tiens, pourquoi elle n'a pas le même nom que toi?

- Parce que mes parents sont divorcés... *(première salve de murmure parmi les futurs camarades)*

- Ah... *(raclement de gorge de la part du prof principal en option)*. Il faudra que tu nous fournisses un exemplaire du jugement de divorce...

- Et pourquoi tu n'as pas rempli les informations sur ton papa?

- Parce que je ne le connais pas et qu'il n'a pas de droit de visite. *(deuxième salve de murmures étouffés)*

- Ah *(re raclement de gorge embêté)* Et tes frères et soeurs? Tu n'as rien rempli non plus?

- Et pour cause, je suis fille unique.

- Oh... d'accord.. bon ben rassieds toi alors.


La troisième salve de murmure était la pire... Je venais de lâcher les deux mots les plus étranges de la terre.... **FILLE UNIQUE**... autrement appelé animal curieux dont le potentiel amical est largement limité et qui ferait mieux de ne pas s'approcher des «élus» autre nom donné aux enfants qui ont une fratrie. (J'ai bien essayé de pouvoir l'écrire en rouge clignotant avec des flashs mais apparemment nos amis les imprimeurs n'ont pas trouvé mon idée intéressante).

A l'époque (dans les années 90), être enfant unique et avoir des parents divorcés, c'était un peu comme de se trimballer avec une étiquette: **ATTENTION ANIMAL CONTAMINÉ NE PAS APPROCHER**. Moi qui rêvais de pouvoir passer inaperçue et de recommencer à zéro, c'était raté. Il allait falloir trouver autre chose pour être tolérée à défaut d'être acceptée.

Durant les premières semaines, j'ai espéré que tout se tasserait... que mes «petits camarades» passeraient au dessus de cette «infamie» d'être l'enfant unique. C'était sans compter sur la réalité de l'étiquetage.

Etre enfant unique n'était pas que le signe de l'absence de fratrie, c'était une sorte de malédiction, un signe de mon incapacité à être un être humain «normal». Un peu comme si l'enfant unique est bardé de stéréotypes dès la naissance... au chapitre desquels on peut citer (un peu en vrac et sans un ordre vraiment important)le fait d'être:
- capricieux
- invivable
- tyrannique
- incapable de partager
- pourri gâté
- enfant roi/ reine (vive la parité)
- bavard

En plus d'être un portrait particulièrement flatteur (enfin, façon de parler), c'est un portrait qui est communément admis par les «normaux» (ceux qui ont des frères et soeurs). Le mieux dans l'affaire, c'est qu'aucun d'entre eux ne se prive d'exprimer ce qu'il pense haut et fort. Il ne faudrait pas, non plus, espérer qu'on remette en cause le portrait... dès fois qu'on deviendrait ami avec les bêtes curieuses que sont les enfants uniques.

Ben oui, au cas où Mamie Henriette dans son Périgord natal ne l'ait pas entendu... mieux vaut répéter. Le problème c'est, qu'à l'époque, je ne partageais rien de ma vie de collégienne avec ma mère parce que je ne voulais pas ajouter d'autres complications à sa vie. J'avais estimé du haut de mes 12/14 ans que je pouvais me débrouiller seule et que ça ne valait vraiment pas la peine de la déranger pour des bêtises d'enfants.

Ce que je ne savais pas, à l'époque, c'est que la répétition des remarques a priori anodines finirait par avoir des conséquences sur mon comportement en général. En criminologie (et plus généralement en psychologie), il y a un phénomène qu'on appelle l'intégration ou l'internalisation. C'est la faculté de notre cerveau à prendre pour vrai des remarques ou des situations et à les considérer comme «justes» à tel point que ces remarques viennent pratiquement s'imprimer dans notre mémoire comme un fait non négociable.

Si le message qui est imprimé est « positif » du genre « Tu as toutes les qualités nécessaires pour affronter les obstacles de la vie » pas de souci… Si le message qui est imprimé est « négatif » du genre « Tu es méchante et inutile parce que tes parents ne sont pas restés ensemble… », on finit par faire des associations d'idées qui conduisent à des comportements potentiellement destructeurs.

Sans grande surprise, ce type de messages s'accompagnent d'une forme de renforcement… L'enfant se met à repérer tous les « indices » qui vont dans le même sens que le message qu'il se passe en boucle dans le cerveau. L'apprentissage devient automatisme et l'enfant (même devenu adulte) ne remet plus en cause ce qu'il pense[1].

Entre mon choix de ne rien partager avec ma mère et ma tendance naturelle à être solitaire (je comprendrai 25 ans après que c'était de l'introversion), je n'avais personne à qui me confier et qui aurait pu me dire que j'étais en train de dérailler. J'ai fini par, docilement (à défaut de dire bêtement), accepter le fait que j'étais forcément invivable, désagréable, tyrannique, incapable de partage… et qu'il était de mon devoir de changer.

---

[1] Pour en savoir plus sur le sujet, vous pouvez lire les écrits de Sutherland, le comportementalisme de Bandura et le béhaviorisme de Skinner.

J'ai passé pratiquement 20 ans à me plier en huit dès qu'on me demandait quelque chose parce que je ne voulais pas qu'on pense que j'étais une enfant unique pénible à vivre et qui ne pensait qu'à elle tout le temps. Ma plus grande crainte était qu'on découvre mon «secret» et qu'on me rejette encore davantage parce que j'avais cette «tare» et que je ne pouvais pas m'en débarrasser. J'oubliais juste trop vite que cette « tare » faisait partie de moi et, donc, de mon histoire; la renier, c'était nié une partie de moi-même.

Laissez-moi vous raconter une autre anecdote: Une nuit, j'ai reçu un coup de fil affolé d'une amie de l'université. Elle était au bord des larmes, pratiquement hystérique. Elle n'arrivait même pas à articuler deux mots. Il était 2h30 du matin, je n'ai pas réfléchi, j'ai attrapé un pantalon, une paire de baskets et j'ai traversé à pied toute la ville pour arriver chez elle. Je pensais qu'il fallait que je prenne soin d'elle parce que c'est ce que les amis font. Vers 3h, quand j'ai sonné chez elle, elle m'a ouvert en pleurs...

Je lui ai demandé ce qui se passait, elle a fini par me dire qu'elle était angoissée parce que l'ampoule électrique de son couloir ne fonctionnait plus depuis la veille au soir. Je n'ai pas su quoi dire, ni quoi faire d'autre, que de changer son ampoule et de rentrer chez moi.

Quand je me suis allongée dans mon lit, vers 4h du matin, j'ai juste réussi à pleurer et à me sentir tellement coupable d'avoir été si bête, de ne pas avoir réagi... de n'avoir rien su répondre.

Bilan de l'histoire: J'en étais arrivée à être tellement malléable que je ne faisais plus de différences entre ce que mon entourage voulait de moi et ce que je voulais vraiment. Cette sensation étrange de ne plus appartenir à soi mais d'être un caméléon dans les pattes d'un prédateur qui joue à qui sera le plus cruel.

Dans les rares épisodes où je trouvais le courage de me rebeller, j'ai du faire face à un raisonnement un peu bizarre mais finalement très commun de mon entourage amical: **la défense dans l'attaque**. Quand un être humain ne comprend pas une situation, il a tendance à l'attaquer plutôt qu'à chercher à comprendre. Le bon vieux poncif qui semble poser que "la meilleure défense reste l'attaque" a de beaux jours devant lui. Victime des conséquences et d'un manque cruel de recul sur ce qui était en train de se passer.. je finissais par valider l'idée d'être leurs victimes parce que cela semblait être le seul rôle que j'avais le droit de jouer pour pouvoir être acceptée.

Il m'a fallu quelques grosses déconvenues pour retrouver le courage et la détermination de dire **NON et STOP.** J'ai réussi à reprendre le contrôle de ma vie et à être fière d'être enfant unique.

Bête curieuse, je l'étais parce que j'étais unique. Bête curieuse je le suis restée parce que j'avais déjà un cerveau et que je m'en servais quand tous les autres autour préféraient jouer à la poupée...Etiquetage, quand tu nous tiens. Mais ça c'est l'histoire que je vais vous raconter dans la prochaine section.

*"On choisit pas ses parents,*
*on choisit pas sa famille...*
*On choisit pas non plus les trottoirs de Paris, de Manille ou*
*d'Alger pour apprendre à marcher...»*
*Maxime Le Forestier*

# Section 2 Une cuillère pour mon Royaume

Restons à l'époque bénie du collège... et ajoutons un soupçon l'année de seconde dans le tableau, histoire de faire bonne mesure. Il serait dommage de rater une autre histoire croustillante.

Si je vous parle d'une chanteuse des années 80 qui adorait les pandas et qui avait une passion dévorante pour Bécassine... Ca ne parle surement qu'aux trentenaires qui auront reconnu Chantal Goya *(et pour tous les autres, oui, il y a eu une vie avant Wikipédia et Google Search...).*

Revenons-en à nos pandas... pardon à nos moutons.. A l'époque lointaine du collège *(oui, il y avait déjà l'électricité et les ordinateurs existaient déjà)* j'avais cette coupe au carré que toutes les petites filles de mon époque ont eu. C'était sans compter sur la bonne blague qu'un élève de 6ème qui, à chaque fois, qu'il me croisait me lancer des «Tiens, Chantal est de retour...» ou «T'as vu Chantal, t'as le même format que tes pandas...».

Etrangement, il ne devait pas savoir qui était Bécassine, je n'ai jamais eu droit à des remarques qui l'incluaient. Si, la blague s'était arrêtée là, j'en aurais ri aussi...

Mais un jour de Novembre, il a trouvé particulièrement drôle de me courir après pour me déshabiller en public au milieu de la cour. J'ai eu beau hurler et crier de toutes mes forces... Personne n'est venu m'aider et mes camarades de classe sont restés pétrifiés de terreur devant le mini-tyran. Je lui ai demandé pourquoi il faisait ça et sa seule réponse a été: *«T'es la fille d'une prof, t'es née avec une cuillère en argent dans la bouche...»*. Alors, c'était ça? Il cherchait juste à me faire payer le prix fort pour un truc que je n'ai même pas choisi.

Zoom avant sur mon année de seconde.... Nouveau lycée, nouveau départ *(oui, encore...30 déménagements en 35 ans, ça crée peu de liens...)*. J'ai beau être passablement grande pour une fille, il y avait dans ma classe quelques spécimens masculins qui avaient dû consciencieusement mangé la bonne soupe de leur mère parce que j'avais l'air d'une crevette à côté d'eux.

Autant dire que je ne cherchais pas à m'approcher, je faisais mon possible pour rester à distance en croisant les doigts pour qu'ils ne me remarquent pas. Raté... Mon cerveau avait refait des siennes et mes résultats avaient rapidement fait de moi **L'ennemie à abattre**. C'était d'autant plus facile que je n'étais pas très sociable, pas très mignonne et que j'avais déjà quelques kilos en trop que j'essayais de cacher (très mal).

Très imaginatif, l'un des grands mangeurs de soupe a réussi à trouver tous les adjectifs possibles autour de l'idée d'être ronde... Il aurait bien mérité la médaille de l'Académie Française pour un tel assortiment de «grosse boule», «tas de graisse», «gros tas», «mocheté», «bouboule» et j'en passe et des meilleurs. Puisque cela faisait bien rire tout le monde, ce n'était peut-être que ce n'était pas si grave. Même moi, j'essayais d'en rire, de me donner une certaine tenue durant la journée, de ne surtout pas leur montrer que ça pouvait m'atteindre.

J'espérais secrètement que si j'arrivais à supporter ce niveau d'insultes avec le sourire, il serait déçu et qu'il n'irait pas plus loin. Les insultes ont duré toute l'année... et chaque soir, en rentrant chez moi, j'essuyais quelques larmes de rage et de honte...

Cette honte qu'on peut ressentir quand on n'arrive pas à trouver comment en finir. La honte devant la solitude ... devant les rires des autres élèves qui ne bougent pas... La honte d'être ce que j'étais. A mon introversion, s'est ajoutée la culpabilité de ne pas avoir réagi plus vite.... De ne pas avoir réagi tout court. Cette année-là, j'ai fait de mon mieux pour me cacher. Je rasais les murs et j'évitais même d'aller dans la cour de récré à 10 heures. Je restais seule devant la porte de la salle de classe et, souvent, j'en venais à discuter avec le prof qui était déjà là pour préparer sa classe.

Bien des années après, j'ai croisé mon « tortionnaire » par le plus grand des hasards. J'étais toujours ronde mais je m'en fichais bien. Je n'avais qu'une seule idée en tête: avoir une explication. Je DEVAIS savoir pourquoi il m'avait fait ça et il n'allait pas se défiler si facilement. Je DEVAIS en finir avec cette période où, chaque soir, durant un an, je pleurais dans ma chambre et je tremblais à l'idée de savoir ce qu'il allait imaginer comme insulte le lendemain.

Il ne s'est pas défilé et, dans un calme olympien, un peu étonné, il m'a répondu *«mais c'était juste pour s'amuser. On était des gosses, ça n'avait aucune importance, je ne pensais rien de ce que je te disais. C'est du passé maintenant. C'était juste casse pied de te voir si intelligente»*.

Je suis restée interdite, sidérée... presque bluffée par son aplomb. C'était donc ça le «problème»: j'avais un cerveau et je m'en servais. Je n'en revenais pas... C'était la réponse la plus stupide que j'avais pu élaborer dans mon cerveau torturé.

Il y a eu comme un moment d'épiphanie. En plus de le plaindre pour son étroitesse d'esprit, j'ai pris conscience que cette bataille, si durement menée, avait été une sacrée chance. Certes, je ne suis pas ce que la mode qualifie de belle (et je m'en moque comme de mes premiers talons aiguilles) mais j'ai ce que personne ne pourra m'enlever: je suis diablement douée, terriblement intelligente et mon QI est ma plus belle revanche sur toutes leurs insultes.

Aucun de mes tortionnaires n'a eu le parcours que j'ai eu... **Prêtez-moi tous les comportements cyniques de la Terre, je reste fière, libre et heureuse de chacun de mes choix.** Leur haine a été ma chance de devenir encore plus déterminée. Leur bêtise a été l'opportunité de voir au delà des apparences. Leurs attaques ont été la clé de lecture des relations humaines qui me manquait.

Je ne leur en veux même pas. Je plains chacun d'eux et je ne peux que leur souhaiter le meilleur. Ils m'ont jetée aux loups et je suis revenue en chef de la meute. Combien peuvent en dire autant?

Être fille unique et être la fille d'un prof n'ont jamais été une formule magique pour être plus douée que les autres ou avoir plus de neurones ou je ne sais quelle autre ineptie du même genre. J'étais, peut-être, plus curieuse et plus souvent dans les livres que les autres (merci introversion). Rien de magique là dedans... J'ai connu des étudiants particulièrement brillants et dont les parents ne travaillaient pas du tout dans l'enseignement... tout comme je connais une bonne quantité de «fils de profs» qui ont suivi une voie de traverse et qui sont super heureux.

Il n'y a pas de prédisposition à l'intelligence... Il n'y a même pas qu'une seule forme d'intelligence. L'intelligence ne fait pas de nous des êtres humains et heureux. Elle ne fait même pas de nous des êtres intéressants. Elle est un outil qu'on doit respecter tout comme on doit respecter la créativité, la sensibilité, l'expression, l'humour...

S'il ne fallait garder qu'un seul message des pages de ce chapitre, ce serait celui du **RESPECT**. Respect de soi, de ses convictions, de ses valeurs, de ses forces et de ses faiblesses mais aussi respect de l'autre dans sa différence et dans son humanité. Le respect est aussi fragile que l'espoir. Chacun d'entre eux peut changer le monde, une personne à la fois, une idée à la fois... pour peu qu'on ne confonde pas le respect avec l'envie de convaincre à tout prix qu'on a la science infuse.

Vous n'avez pas à être d'accord avec tout le monde, vous n'avez pas à penser comme tout le monde, vous n'avez pas à vous plier aux attentes infondées d'un entourage qui ne connaît rien de votre passé mais vous avez l'obligation morale de respecter tous ceux qui vous entourent. A tous ceux qui croyait que mon univers était doré à l'or fin, je leur dirais de revoir leur imagerie d'Epinal et de lire ce livre du début à la fin. En parlant des Vosges....

## Section 3 Les Vosges...

Les Vosges..ses montagnes... sa ligne bleue... ses brimbelles (myrtilles pour les non locaux)... son Munster... sa broderie... ses luthiers.... et... et... LUI.

Pas de panique, on ne va pas rentrer dans un roman à l'eau de rose...le genre qu'on achète à la gare, faute de mieux, qu'on lit un peu honteusement en allant de Ginguette-lès-sous-bois à Vallée-Plage-sur-Loire et qu'on oublie aussi rapidement.

Exit donc l'histoire d'amour...
Exit aussi le conte de fées... (J'ai un contentieux avec elles mais on en reparle plus loin)
Exit enfin les histoires qui finissent bien, celle-ci a un vague goût amer même après 35 ans.

Vous vous souvenez de l'échange croustillant avec le prof principal un peu plus haut? Ok... allez le relire, je vous attends. Ca y est c'est bon? Tout est en place.... Alors laissez moi vous raconter la suite et la fin de la fantastique histoire de famille...

L'année de mes 18 ans, j'ai eu l'idée un peu folle, pour ne pas dire pire, de reprendre contact avec une partie de ma famille que je n'avais jamais connue. Et pour cause… quand mes parents ont divorcé, la garde exclusive a été accordée à ma mère et je n'avais jamais rencontré mon père.

Non, pas d'erreur d'écriture, ni de mauvais timing… Je portais le nom d'un homme qui était mon père parce qu'il était marié à ma mère sans jamais l'avoir vu, sans jamais avoir croisé son regard ni entendu sa voix.

Justement… sa voix… J'aurais mieux fait de me casser une jambe ce jour là. Je venais d'avoir 18 ans, j'allais intégrer l'université dans quelque semaines. J'avais l'impression étrange qu'il fallait que j'essaie au moins une fois de lui parler, pour comprendre, pour savoir, pour avoir sa version, juste pour  avoir l'impression d'être "entière".

Pas moyen de le faire seule… plutôt timide et pas bien dégourdie, j'ai demandé de l'aide pour me lancer… Le téléphone a sonné, je me suis présentée et après un blanc de quelques secondes, la seule et unique phrase que mon "père" m'ait jamais dite est tombée: *"Tu n'as jamais existé pour moi"*.

En la voyant apparaître sur mon écran, j'entends encore sa voix et je revis ce moment où, trop naïve et stupide pour voir la vérité en face, j'ai compris que je ne serais jamais rien pour lui. Sur le coup, j'ai cru à un mauvais rêve, à une erreur de compréhension. Je ne me souviens même pas avoir répondu quoi que ce soit. J'ai surement raccroché sans un mot.

C'est après cet épisode que tout a commencé à aller franchement de travers dans mon crâne. Cette toute petite phrase s'est mise à tourner en boucle dans ma tête, je n'avais aucune importance pour lui. Je n'étais rien pour lui.... et derrière la façade toujours impeccablement nette que je m'efforçais d'assumer dans ma vie à l'université, je me posais deux cents questions à la seconde.

Cette année là, j'ai pris plus de 45 kilos parce que je voulais me cacher, je voulais disparaître, me noyer dans un corps que je ne voulais pas assumer puisque celui qui aurait dû/pu m'aimer juste pour ce que j'étais: sa fille... m'a rejetée comme un déchet sans importance.

Evidemment, je ne suis ni la première ni la dernière à avoir vécu ce genre de situation. Evidemment, je sais que j'ai de la chance d'avoir un père qui était absent plutôt que d'avoir un père abusif/ violent/ dangereux pour lui ou pour sa famille. Evidemment, il y a des histoires beaucoup plus dramatiques que les miennes et je sais que partager ce tout petit bout de mon passé avec vous est très égoïste de ma part.

Néanmoins, ce que je ne savais pas c'était qu'une simple petite phrase prononcée à distance pouvait modifier ce qu'on pense de nous... juste à cause de  la personne qui l'a prononcée.

J'accordais un a priori positif et compatissant à tous ceux que la vie m'a donné comme "membre de ma famille" ou comme "représentant de l'autorité". Jamais un mot plus haut que l'autre... quand on me disait NON, je ne cherchais pas à négocier et je me disais que c'était surement pour mon bien.

En grandissant dans une famille monoparentale, on essaie également de limiter les zones de frottement et d'aider le plus vite possible parce qu'on est rapidement conscient que de jouer les deux rôles pour le seul parent qui reste: c'est épuisant et pas très joyeux au quotidien.

Le souci avec cette façon de fonctionner, c'est que je ne remettais pas en cause ce qu'on pouvait me dire... partant du principe que **"si cette personne est proche de moi, alors, elle ne devrait rien me dire d'autre que la vérité"**. En réalité, je vivais dans l'illusion que j'étais traitée comme je traitais mon entourage.

Euh... comment dire... le réveil a été dur...
A force de remarques blessantes et de comportements étranges, j'ai fini par me demander si la copine qui aimait tellement faire du shopping avec moi **"parce qu'avoir un gros tas dans la cabine d'essayage me fait toujours paraître tellement mince..."** était vraiment quelqu'un de bien pour mon équilibre.

Petit à petit (et bien trop tard), j'ai enfin compris qu'il y a une sorte d'hypocrisie sociale (souvent appelé diplomatie) avec laquelle on doit composer si on veut rester sain d'esprit. C'est, d'ailleurs, un concept qui me pose encore quelques soucis pratiques. Mais, ça c'est une autre histoire...

Heureusement avec les années et l'âge *(oui, ça compte aussi)*, j'en suis arrivée à l'idée que je devais me donner la permission de faire ce qui était bon pour moi (tant que je ne faisais de mal à personne volontairement).

C'est un processus qui a pris beaucoup plus de temps que je ne le pensais ou que je le souhaitais. Il m'a fallu plus de 15 ans pour réévaluer tout ce qui avait pu me marquer étant petite, ado et jeune adulte... J'ai ouvert la boîte de Pandore durant mon premier séjour au Canada en 2003....(la  première fois que je prenais des vacances depuis 12 ans et que je ne travaillais pas tout l'été comme une dingue pour avoir de quoi payer mon loyer durant l'année universitaire).

Pour la première fois, je faisais l'expérience timide d'être moi avec toutes ses imperfections, toutes ses erreurs et tous ses défis à relever. Pour la première fois, je choisissais de faire quelque chose pour moi...

Certains trouveront que la méthode a été un peu extrême: j'ai "enterré" la moitié de mon patrimoine génétique le 20 Août 2003 à la tour de l'horloge sur le Vieux Port de Montréal. J'ai écrit une longue lettre, acheté un  bouquet de fleurs et les yeux remplis de larmes, j'ai jeté le tout dans le Saint-Laurent. Je suis partie sans me retourner... et même si j'ai ensuite vécu à Montréal durant pratiquement 5 ans, je n'ai jamais remis les pieds à la Tour de l'Horloge....

L'enfance est un moment troublant, plein d'espoir, de débuts et d'apprentissage. Parfois, on y trouve aussi le réconfort d'un foyer "normal"...un père et une mère qui nous aime pour ce qu'on est... leur enfant. Parfois, on nous distribue des cartes moins faciles mais, avec un peu d'imagination et de temps, on découvre des opportunités qu'on n'imaginait même pas.... Et on apprend à "jouer avec".

Si je pouvais revenir en arrière, je ne changerais rien à mon passé. Il a fait de moi ce que je suis devenue. Il a construit, modelé, ciselé celle que je suis aujourd'hui, celle qui a le courage d'écrire noir sur blanc ce qu'elle n'a jamais avoué à personne, celle qui a survécu à un burn out et à une dépression pour lancer son entreprise. Juste parce que:

> *"J'me lance dans la course à l'instinct*
> *Et j'traverse la route sans rien voir*
> *D'autre que cette envie qui vient*
> *Cette tempête qui me fait croire que*
> *Je deviens moi"*
> *Grégory LeMarchal*

(Premier chapitre oblige, laissez-moi vous donner quelques infos en plus pour ne pas avoir l'avoir d'être entré dans la quatrième dimension...)

A la fin de chaque chapitre, vous trouverez des questions et des exercices que vous pouvez compléter. Vous pouvez aussi télécharger des versions PDF en visitant www.opheliebottin.com/absolumentmoi/exercices au cas où vous auriez besoin de plus de place.

L'objectif de chaque exercice est de vous permettre de découvrir ou de redécouvrir ce qui fait que vous êtes unique, ce qui vous permet de dire haut et fort, je suis **#AbsolumentMoi**)

## Les Clés à retenir:

☑ Nous avons tous vécus des traumatismes dans notre enfance.

☑ Chaque traumatisme a pu imprimer des nouveaux comportements ou de nouvelles croyances. Pour autant, ces croyances ne sont pas nécessairement la représentation de la réalité.

☑ Il y a toujours moyen de relire le passé avec les yeux d'un adulte pour faire la paix avec ce qu'on ne comprenait pas ou ce qu'on ne voulait pas accepter.

☑ Nier ce qui fait notre unicité à cause d'un passé qui n'est pas assez "rose", c'est renier ce qui fait de nous un être unique, courage, inspirant et capable de changer le monde au présent

-Choisissez un événement qui vous a marqué

- Ne cherchez surtout pas à la revivre mais faites de votre mieux pour trouver si cet événement a eu des conséquences sur vous ou sur ce que vous pensez de vous aujourd'hui (ex: une limite, une pensée, une croyance)

- Faites l'état des lieux objectif de cette pensée (faits réels vs faits "inventés" par notre cerveau)

- Est ce que cette pensée/ croyance est 100% vraie?

- Est ce que vous pourriez la nuancer ou vous en débarrassez?

- Recommencez avec toutes les pensées et autant de fois que c'est nécessaire

# Chapitre 2 Cent fois sur le métier, il faut remettre ton ouvrage

Sortons de l'enfance pour plonger dans le monde merveilleux des études... Même pas ironique... j'adoreeeeee étudier, apprendre, comprendre, décortiquer et je suis une sorte d'hybride entre le rat de bibliothèque et le geek de salon.

Vivre et grandir dans une famille monoparentale crée des liens relativement particuliers entre l'enfant et le parent. L'enfant grandit (trop) vite et le parent doit "jouer" deux rôles.

Rien de définitif ni de toxique là dedans... si ce n'est un gros point faible: **ce lien qui unit l'enfant au parent peut être utilisé par l'entourage pour manipuler et faire du mal.**

Ce qui est "drôle", c'est que je pensais (encore) naïvement que ma famille serait super heureuse pour moi... peut-être même fière de voir que j'avais réussi à entrer à l'Université et que je m'en sortais bien. Ah ah ah.... J'étais bêtement optimiste. J'aurais surement dû/ pu voir venir le nuage qui se profilait à l'horizon.

Un jour d'Avril alors que j'attendais le retour de ma mère, j'ai pu discuter avec un membre de ma famille. Cette personne a eu une grande importance dans ma vie quand j'étais petite et j'avoue que je lui accordais une forme d'autorité presque naturelle. Passablement contrariée, cette personne m'a prise à part pour me parler d'un "sujet important".

Ca a donné quelque chose comme ça...
" - *Tu sais, je suis inquiet pour ta mère. Elle a vraiment beaucoup de mal à cause de tes études.*

- *Comment ça ?*

- *Ben oui, tu dois bien te douter que c'est financièrement très dur pour elle. Tu pourrais quand même faire un effort. Tu aurais dû arrêter tes études depuis longtemps.*

- *Je....*

- *Elle n'a pas voulu t'inquiéter mais, franchement, si tu étais un peu plus maligne tu aurais pu t'en rendre compte. A ton âge, tu devrais déjà être mariée, avoir des enfants... bref, tu devrais avoir une vraie vie plutôt que de perdre ton temps et de saigner ta mère à blanc avec tes bêtises.*"

Ma mère est entrée dans la pièce à ce moment-là. La conversation s'est arrêtée sans que je puisse réagir, sans même que je réalise vraiment ce qui venait de se passer.

Un seul message était resté imprimé dans mon cerveau: *"En faisant des études, tu es en train de ruiner ta mère et tu lui fais du mal"*.

Qu'est ce que j'allais bien pouvoir faire de cette information?

## Section 1 Un crochet par ici et un petit tour par là...

*"Je suis en train de faire du mal à ma mère"* Mais comment est-ce que j'en étais arrivée là? Comment avais-je fait pour ne rien voir? pour ne me rendre compte de rien?

J'essayais de répondre à ces questions et à toutes les autres qui me venaient en tête en reprenant le bus pour rentrer chez moi, ce soir là.... Qu'est ce que j'avais encore raté? Pourquoi est-ce que personne ne le m'a dit plus tôt?

Ma copine la culpabilité revenait dans ma vie et elle avait eu la bonne idée d'amener sa cousine la honte. Comme elles sont super "polies", elles sont venues avec un cadeau de bienvenue: les souvenirs de mes échecs passés, les regrets et aussi les remords...

Tous ces couacs qui, en principe, n'ont aucune importance tant qu'on a moins 123 ans et qu'on est sur son lit de mort en train de rédiger ses mémoires... étaient en train de m'envahir aussi sûrement qu'un tsunami peut dévaster une côte du Pacifique Sud.

Je revois encore cette petite fille dans le bus venue m'offrir un mouchoir en me disant: *"Ca pleure pas un panda, tu sais."* Je me souviens avoir esquissé un sourire et être descendue du bus. J'avais raté mon arrêt et c'était surement mieux comme ça. J'avais besoin de marcher pour m'éclaircir les idées.

Je suis restée plusieurs heures dehors à réfléchir perdue dans le parc à côté de chez moi. Je regardais les passants en cherchant à comprendre ce que j'avais bien pu manquer... Un petit retour en arrière m'a donné quelques pistes qui, sur le coup, me semblaient pertinentes.

Il y a dans ma "famille" plus de profs/ enseignants/ instituteurs au cm2 que de livres dans une bibliothèque. Autant vous dire que lorsqu'il s'agit des résultats scolaires, on passe assez vite d'une obligation de moyen (faire de son mieux) à une obligation de résultat renforcé (comment ça tu as eu un millième de point de moins que ton cousin au même âge?).

Dont acte... Bonne élève, il fallait être, bonne élève j'étais... Bac S à 17 ans avec mention... Tout semblait plus ou moins tracé, je ferais médecine et je deviendrais légiste (oui... la loi avait déjà fait son bout de chemin dans ma petite tête d'ado bien conforme). Note de l'auteur... Je n'ai jamais été forcée de faire quoi que ce soit, j'ai accepté d'être ce qu'on attendait de moi... Je pensais honnêtement et sincèrement que c'était ce dont j'avais envie, ce qui me ferait me sentir bien.

**Sauf qu'il y a un fossé entre ce qu'on pense, ce qu'on rêve, ce qui est et ce qu'on ressent.** Mon arrivée à l'Université de Médecine correspond au moment où j'ai compris que je n'étais rien pour mon père... Deux événements sans lien qui ont fini par s'entremêler... J'étudiais pour aider les autres alors que je refusais qu'on m'aide. J'allais mal... Très mal même et pourtant je passais mes journées à sourire, à rire et à faire semblant.

Etre en médecine, c'est un peu comme plonger dans du grand n'importe quoi... Plus de 1000 étudiants en première année... deux amphis en même temps, un seul prof... La terreur du bizutage qui planait encore (et oui, ça n'était pas encore aboli ce truc d'un autre âge). Les étudiants de deuxième année qui reproduisaient ce qu'ils avaient connu jusque là.

Bien évidemment, l'ambiance était joyeuse... mais, moi, j'avais surtout l'impression d'être prise au milieu de quelque chose de trop grand, trop rapide, trop... tout... pour être capable de faire face. Je me souviens encore du tout premier cours... Le professeur est arrivé, très solennel... a dit bonjour... et a commencé à débiter à toute vitesse des mots très compliqués (bonjour protéoglycane et glycoprotéine... ) sans même nous dire que le cours était en route et que c'était tout sauf une introduction!

Le temps que je réalise... J'avais perdu 10 minutes et, une fois le cours terminé, j'avais l'impression bizarre d'avoir été au milieu d'une mauvaise blague. Quand le cours d'anatomie est arrivé, j'ai réalisé que j'aurais du, aussi, avoir le niveau d'un pro en dessin (genre dessin d'art hyper réaliste). Le professeur tout en parlant nous dessinait une main avec une coupe transversale et se mettait à nous dire que tel tendon passait à tel endroit en avant et à gauche du muscle machin qui, lui, a son attache en bas et à droite puisqu'il représente le socle du fascia bidule.

Comment dire... Après cette journée, j'étais partagée entre la déprime et l'envie de montrer ce dont j'étais capable. Cette année là, j'ai travaillé comme jamais... je dormais 4 heures par nuit, avec mes classeurs dans le lit, sur le bureau et même des fiches plastifiées sous la douche. Quand les premiers examens sont arrivés, j'ai fait de mon mieux. J'ai révisé le plus possible.... Sauf que je n'avais pas saisi que ces examens impliquaient une grande quantité de bachotage et de préparation dans un service extérieur.

Autant vous dire que ça a été une catastrophe...A la fin de l'année, j'étais 287 ème de ma promo. Pas de quoi rougir, sauf quand on sait que seuls les 150 premiers ont accès à la deuxième année. Je devais le reconnaître, j'avais échoué. Mais comme je suis relativement têtue sur certains points, il n'était pas question que je lâche comme ça... et, surtout, je ne voyais pas du tout ce que je pourrais faire d'autre. L'angoisse du "RIEN APRÈS", on en reparlera largement dans la section 3 de ce chapitre....

Dont acte (encore)... J'y retourne pour une deuxième première année... C'est presque pire. Les cours sont encore moins commodes à suivre, il y a plus d'étudiants et toujours ce bachotage. Je m'effondre après les résultats des partiels de Janvier. Je me sens vide, bête, inutile, incapable... Qu'est ce que j'ai fait? Qu'est ce qui m'arrive?

J'ai caché à tout mon entourage cette partie de mes études de médecine, j'avais trop honte… J'allais à l'Université pour suivre mes cours mais le cerveau n'y était plus. J'avais perdu tout intérêt pour ces études parce que je savais que, peu importe, ce qui j'allais pouvoir faire… soit j'y laissais ma santé, soit j'y laisserais bien plus.

C'est alors qu'une idée un peu dingue a germé dans mon crâne… Je rêvais d'être légiste, j'avais la solution sous les yeux depuis le début et je n'y avais même pas pensé…. Un légiste travaille avec la Justice… donc il connaît la procédure pénale et le droit… Et si j'allais jeter un oeil dans ce domaine-là? Et si ce qui me manquait, c'était cette structure un peu rigide du droit pour réussir?

A la rentrée suivante, j'étais inscrite en droit… et j'avais perdu l'estime de ma mère par la même occasion. Je n'ai pas réussi à expliquer ma situation… ni même à motiver ma décision. La dispute a été dure… longue… pénible et douloureuse. Nous sommes restées plusieurs mois sans nous parler… Ma première année de droit était une sorte de test, il FALLAIT que je réussisse.

Je le faisais autant pour moi que pour lui prouver que je ne m'étais pas trompée et que j'avais fait le bon choix. J'ai toujours une peur panique de mal faire, de commettre des erreurs (et c'est une peur que j'apprivoise encore aujourd'hui parce que gérer son entreprise, c'est accepter d'aller là où les autres ne vont pas, de faire ce que les autres ne feraient pas, de se lever pour donner la parole à ceux qu'on fait taire...). Les résultats tombent: **je passe haut la main**.

L'ambiance se détend un peu... On se reparle, c'est ténu mais c'est tellement mieux que rien. Etre enfant unique, dans une famille monoparentale, dont la "famille" est aux abonnés absents, c'est un peu comme être un bouchon lancé à la mer. On est tributaire des conditions extérieures et on sait qu'on ne peut compter sur personne s'il y a un problème.

Alors, durant cette première année de droit, j'ai fonctionné en vase clos. Je vivais pratiquement de rien, je gardais ma bourse pour acheter mes codes et payer les frais. Je ne suis pas sortie une seule fois... pas trop difficile puisque je n'avais pratiquement aucun ami (merci l'introversion). Ma mère est un peu mon point de repère, mon roc quand tout s'écroule et cette année passée, sans elle, a été compliquée.

Avec les années et les bons résultats, l'ambiance s'est adoucie... Je savais qu'elle me soutenait et je pensais que mon idée de départ avait été acceptée à défaut d'avoir été comprise... Jusqu'au jour où ce membre de la famille me confie (dans le plus grand secret entre deux portes...) que je faisais du mal à la seule personne qui m'aimait.

J'étais face à un choix encore plus douloureux que le précédent et je ne savais pas quoi faire... Etre indépendante a toujours été dans mon caractère. Je gère mes problèmes seule. Je ne demande pas d'aide (les rares fois où je l'ai fait, ça s'est copieusement retourné contre moi) et j'ai beaucoup de mal à faire confiance (trop souvent trahie et humiliée par ceux qui se disaient mes amis, je préfère avancer seule que mal accompagnée).

Mais là? Qu'est ce que j'allais bien faire? Je ne pouvais pas en parler directement à ma mère. Je ne voulais pas l'accabler davantage. La période était houleuse pour des raisons que je ne souhaite pas évoquer. Il n'était pas possible, humainement, de partager ce problème avec qui que ce soit. Alors, je me suis décidée... A la fin de mon année de Licence, j'ai annoncé que j'arrêtais là. Que c'était suffisant, que je pouvais trouver du travail avec ce que j'avais dans les mains et que je me débrouillerais comme je l'avais toujours fait.

Ma mère était surprise, elle ne comprenait pas ce qui se passait. J'essayais d'éluder la question et de faire comme si je ne comprenais pas vraiment ce qu'elle cherchait à savoir... Jusqu'au jour où on s'est retrouvé "en famille" et où j'ai été félicitée d'avoir *"enfin arrêté toutes ces bêtises d'études de droit."* Je me suis raidie et j'ai fait de mon mieux pour changer de sujet.

Autant dire que lorsqu'on connaît ma mère, c'était mission impossible. La soirée s'est terminée en une sorte de curée générale. Les éclats de voix résonnent encore, les noms d'oiseaux aussi... et moi, au milieu de tout ça, j'étais en train de me rendre compte que ce ne sera plus jamais pareil.

Je n'avais pas tort... Le lendemain, j'étais réinscrite à l'Université pour une maîtrise de droit pénal et de sciences criminelles. Je disais au revoir, avec un plaisir non dissimulé, à ce qui devait être au départ un lieu de paix et de calme: ma famille.

Après ce jour là, je n'ai plus jamais entendu parler d'aucun d'entre eux. Je ne connais aucun de mes petits cousins, j'ai évité les mariages hypocrites, les réunions de famille longues à pleurer, les Noël de façade, les courses de Pâques pour faire semblant... Depuis 15 ans, j'ai fait le choix de tirer un trait sur ce qui me faisait du mal. Vous vous demandez peut-être si, avec les années, je le regrette?

Honnêtement? Pas une minute!!

Je regrette l'utopie de cette famille que je pensais être un havre de calme et de paix dans la tempête. Je pensais naïvement que lorsqu'on n'a pas de racines géographiques (35 déménagements en 35 ans... hello Livre des Records...), la famille pouvait être un bon substitut: une sorte de cocon dans lequel on pouvait se reposer pour repartir au combat et faire de son mieux.

Je me trompais sur toute la ligne et il a fallu que je l'apprenne par moi-même. Bien sûr, il aurait été plus agréable et plus confortable d'avoir une famille aimante, d'avoir du soutien quand les choses allaient mal... Mais, choisir d'avancer seule, de tirer un trait sur ce qui me pourrissait la vie (sans vraiment m'en rendre compte) a été l'une des meilleures décisions que j'ai prise.

C'est souvent au pied du mur qu'on se rend compte de tout le courage qu'on a et de toutes les ressources qu'on peut mobiliser pour faire avancer notre projet, pour survivre, pour trouver une solution, pour juste rester debout.

Fin Juin 2005, je sors de la Maitrise de Droit avec mention. Je suis 3ème de ma promo et je suis en train de faire mes cartons... Je quitte la France. C'est le début d'une nouvelle aventure qui m'emmène hors de France durant plus de 8 ans.

# Section 2: J'irai me noyer dans le Lac....

*Prenez un cercle, caressez-le, il deviendra vicieux* !
*La Cantatrice Chauve Eugène Ionesco*

Vous avez déjà essayé de louer un appartement en Suisse? C'est un cercle vicieux... C'est un peu, comme si, j'entrais dans un monde parallèle... Ou que je rejouais la scène d'Asterix avec le formulaire 21B dans la Maison qui rend fou. Après 16 semaines de recherches, des jours et des nuits à fouiller les sites web, des aller-retours pour déposer en personne des dossiers, des lettres d'appuis de la banque, d'un député et la mise en gage de la maison que j'ai fini par prendre le seul appartement qu'on ait bien voulu me louer.

Je n'étais pas à plaindre. J'avais un petit studio tout mignon dans une petite ville à côté de Lausanne, au bord du Lac Léman. Il y avait juste assez de place pour une table, un lit et une armoire mais j'étais chez moi. J'avais le droit de faire ma lessive, une fois tous les 15 jours, le vendredi matin de 7h à 12h. Toute une organisation... Et faire ses courses relevait parfois du parcours du combattant.

Revenons en à mon aventure au pays du chocolat, du fromage et des banques... Non, ce n'est pas un mythe ni une légende urbaine.... Mais, pour être honnête, ce n'est vraiment pas ce que je garde en tête lorsque je repense à ma vie là-bas.

Partir en Suisse, c'était à la fois vivre seule mais aussi prendre des repères dans un autre pays et assurer aussi bien le quotidien que les résultats à l'Université. C'était aussi se plier au visa étudiant, au statut d'immigré transitoire avec les contrôles qui vont avec et les obligations auxquelles on ne pense pas (comme le fait de déclarer la possession d'un poste de radio à un organisme fédéral pour payer une taxe dessus).

La Suisse est un pays vraiment à part... dans tous les sens du terme.

Le jour de la rentrée, j'étais assise, sans le savoir à l'époque, à côté de celui que je considère toujours comme mon petit frère. Plus que l'excellence universitaire et l'exigence académique, j'ai découvert un pays et des habitants d'une grande gentillesse et d'un profond respect.

Vous n'imaginez pas ma surprise la première fois que j'ai voulu traverser une rue, j'attendais qu'il n'y ait plus de voiture... jusqu'à ce que je me rende compte que là-bas, les voitures s'arrêtent pour vous laisser passer sans rien demander.

Quand ma mère est rentrée en France avec le camion de déménagement, un policier suisse est venu à sa rencontre pour lui proposer de l'emmener jusqu'à l'autoroute et lui éviter de se perdre.

Ceux qui connaissent un peu Lausanne savent qu'il y a un Grand Pont... Sauf que moi, j'étais au dessus du pont et je devais aller dans la rue en dessous... J'ai demandé à la première personne que je croisais et elle m'a gentiment expliqué par où passer.

Remis bout à bout, j'avais l'impression d'être dans un monde parallèle, où les êtres humains se comportaient normalement et où les trains partent à l'heure... arrivent à l'heure. **Une sorte de monde où on dit ce qu'on fait et où on fait ce qu'on dit.** Une petit bulle de bonheur pour celle que j'étais.

Evidemment, le tableau n'était pas rose tous les jours. Pour être dans cette université, ma mère a dû vendre sa maison et prouver qu'elle avait donc assez pour financer mes études.  C'était un gros investissement dans tous les sens du terme et j'allais relever le défi. En parlant de l'Université vous vous demandez surement ce que je suis partie faire là bas. J'y ai étudié la criminologie.

Pas celle qu'on essaie de nous vendre en France, pas celle des auteurs de romans policiers, ni celle des anciens pilotes d'avions ou des dessinateurs de livres pour enfants qui s'octroient le titre de criminologue parce qu'ils ont lu Agatha Christie ou regarder l'intégral de Lie to Me.

Je devrais me joindre à une ancienne première dame pour dire « Merci, pour ce moment » à un Président qui a plié sous la pression des sociologues et des psychologues pour nier l'existence et l'utilité de la criminologie en France.... Mais, ça on en reparle dans la section d'après quand je suis au pays de l'érable.

La formation durait 2 ans et, durant la première année, j'ai enchainé plus de 14 examens et étudié des matières comme la médecine légale, le droit anglo saxon, le terrorisme, la victimologie, les statistiques, l'histoire de la criminologie, l'analyse criminelle, la criminalistique, la recherche quantitative et qualitative...

La sanction: des oraux avec une marge d'erreur réduite à rien. Lausanne note sur 6 et en dessous de 4, vous êtes recalé. Ca vous tente d'essayer?  On ajoute à tout ça une recherche de terrain, la rédaction d'un mémoire et tout ce que ça comporte de temps et de recherches annexes.

Certains d'entre vous doivent se dire que je suis un peu folle... d'autres penseront que ces matières ont l'air bien barbare et d'autres, enfin, y verront juste une étape de plus dans un parcours déjà atypique. J'avais beaucoup de rêves et d'espoir en arrivant en Suisse. Je pensais que c'était une sorte de porte d'entrée vers un projet professionnel qui me conviendrait, que je pourrais enfin être un peu au calme après tout ce que j'avais déjà traversé.

Avance rapide jusqu'en Novembre 2007, la remise des diplômes: j'y suis arrivée! Je suis major de ma promo et je suis Suma Cum Laude. Je finis avec 5,67 de moyenne sur 6. Je suis applaudie par mes pairs en allant récupérer mon diplôme. Je m'avance dans l'allée en ayant le sentiment que le meilleur est à encore à venir et que ce moment était en train de se graver dans ma mémoire.

Puisque tout va si bien, pourquoi partir? Pourquoi quitter le pays et pour quel bilan?

De Lausanne, je garde beaucoup de bons moments.... Des hommes et des femmes de talent, des étudiants dévoués, des copains et des relations dont certaines sont toujours d'actualité.

Mais je garde aussi le goût doux amer d'une sensation d'inachevé... Cette impression que je n'étais pas dans la bonne branche, que je n'avais pas saisi ma chance au bon moment.

J'aurais pu rester en Suisse pour ma thèse mais, à l'époque, il n'était pas possible de faire une thèse sur le thème qui me passionnait.... Et les fantômes du passé commençaient à me rattraper. Il y avait quelque chose que je devais finir à Montréal et il fallait que je sache ce qu'il en était.

Je n'ai pas fait comme l'Ophélie de Shakespeare, je ne suis pas allée me noyer dans le Lac... Je regrette juste de n'avoir pas eu le courage de comprendre que j'étais différente plus tôt.

J'aurais surement mieux compris la réaction de certains de mes collègues. Mais comme la meilleure défense s'avère souvent être l'attaque, la dernière phrase que je retiens est celle d'un ami: *"Tu ne crois pas qu'on va venir te dire au revoir, c'est toi qui nous abandonne. Tu as fait ton choix."*

Petite bulle de joie et de répit, je vois encore la Suisse comme un havre de paix et de calme dans lequel j'aime me réfugier (au moins en pensée) quand les choses tournent mal. Il n'y a pas que le temps qui est clément sur les bords du Lac Léman, il y a cette sensation de liberté et de respect que j'ai rarement rencontrée ailleurs. J'allais découvrir, dès l'année suivante, que Montréal serait un tombeau dont je scellerais moi-même le cercueil.

# Section 3: Au pays du sirop et du hockey

A l'époque de mon inscription à Montréal, j'étais encore à Lausanne et autant vous dire que téléphoner à l'international coutait un bras et un oeil. J'avais mis ma mère a contribution pour connaître la procédure d'admission. La voilà partie en mission commando direction le registrariat où elle tombe sur une brave dame[2]:

*"- Ben voyons donc, c'est peu probable que votre fille puisse s'inscrire chez nous autres. Nous n'acceptons que les meilleurs icite. Notre Université fait partie des 10 meilleurs au monde. Alors, votre fille ferait mieux de postuler ailleurs.*

*- Ah... Laissez-moi vous faire son CV... Major et Suma cum Laude d'une Université Suisse, ça vous suffit?*

*- Ben oui, oui... Mais vous savez... On prend d'abord les québécois, ensuite les canadiens, les étrangers et seulement après les français...Alors..."*

Tout de suite, on se sent apprécié et accueilli, vous ne trouvez pas? Je ne saurai jamais qui était ce mini Cerbère à l'accent local mais j'ai décroché mon inscription et je me suis installée en Juillet 2008 à Verdun (comique quand on sait que je vis en Lorraine). C'était reparti pour un tour.

---

[2] Essayez d'imaginer la conversation avec l'accent local, c'est encore plus savoureux.

Vivre en dehors de France n'était pas un problème en soi... Ca, je savais déjà le faire. Ce que je n'avais pas anticipé, c'était cette espèce de rejet latent que je vivrais à l'Université. Avec les années, je ne sais toujours pas si c'est moi qui n'ait pas compris les règles du jeu assez tôt ou si je me suis obstinée pour rien ou encore si j'aurais du mettre les pieds dans le plat.

Je ne cherche pas à me venger, je n'éprouve plus rien pour cette époque de ma vie qui m'a laissée en miettes émotionnellement, physiquement et mentalement. D'ailleurs, ce que je vais raconter dans les pages qui suivent, personne n'en a jamais entendu parler avant. J'imagine qu'il est temps que tout cela sorte.

En 2008, je me définissais comme quelqu'un de très rationnel. J'étais et je suis encore très entière. Je fais rarement de demie mesure: j'aime ou je déteste mais je sais être diplomatique avec toutes les personnes qui m'entourent. Lorsque je suis arrivée à l'Université pour le premier séminaire, du premier jour de cours, j'ai eu physiquement du mal à passer la porte.

J'entendais quelque chose dans ma tête me hurler *"Fiche le camp! Ne rentre surtout pas! Pars! Rentre chez toi! Il ne faut pas que tu y ailles!"*. J'ai mis tout ça sur le compte du stress de la "rentrée", j'ai relevé mes manches et je suis rentrée!

Je venais de mettre le pied dans la maison des horreurs.... Durant les 4 années et demie qui ont suivi, j'ai dû affronter mes pires cauchemars. J'ai fait face à l'humiliation et à la honte:

*"- Ca? Mais ça ne vaut même pas le prix du papier sur lequel c'est imprimé?"*

ou encore cet échange mémorable:

*"- Mais, vous êtes qui vous?"*
*- Je suis Ophélie. Vous avez accepté de superviser ma recherche.*
*- Ah ouais.. aucun souvenir, désolé."*

J'ai appris sur le tas les règles d'un jeu pervers qui m'ont amené à un tas de neige un soir de Janvier 2010. Après plusieurs revers majeurs et une explication de texte où on m'a clairement dit *"il fallait qu'on te fasse aller dans le mur, c'était pas possible autrement"*, je me retrouve face à mes pairs.

Je fais de mon mieux pour expliquer mon travail, je suis épuisée, je viens de passer des mois sans dormir pour finir mes articles de synthèse, je rentre à peine de Suisse où j'ai fait mon terrain de recherche et je n'ai qu'une envie... fuir pour me reposer.

Après ce qui me semble durer des heures, je sors pour les laisser délibérer, mon coeur semble sortir de ma poitrine, mes oreilles bourdonnent... les minutes semblent durer des heures. Quand on me fait à nouveau rentrer dans la salle, je m'effondre pratiquement sur la chaise en entendant le verdict: j'ai échoué encore (mais de très peu me dit on...). Cruelle consolation. On me laisse quelques semaines pour réécrire mes articles.

Je ramasse mes affaires, je quitte la pièce comme un zombie, je ne me souviens pas de m'être rendue jusqu'à l'ascenseur. Je vois juste les portes qui s'ouvrent... et puis je sens le froid sur ma peau. Les larmes qui coulent sur mes joues sont en train de geler, la morsure est vive mais je suis anesthésiée.

Je n'ai pas encore réalisé que je n'ai pas remis mon manteau. Je le traîne derrière moi jusqu'à ce que mes jambes me lâchent et que je tombe dans un monceau de neige. Je ne vois même plus les passants, je n'entends plus les bruits de la ville... Je me sens vide. C'en est trop, je n'arrive pas à remonter la pente.

Je ne sais ni comment ni pourquoi quelqu'un a fini par s'arrêter prêt de moi et m'a demandé si ça allait, pourquoi je n'avais pas mon manteau et si j'avais besoin d'aide.

En retrouvant mes esprits, j'ai bredouillé quelques remerciements, j'ai enfilé ma parka et je me suis précipitée vers le métro. En regardant ma montre, je me suis rendue compte que j'étais restée plus d'une heure dans ce tas de neige. Mes doigts étaient bleus, mes joues étaient violettes de froid. Je ne sentais plus ni mes mains ni mes pieds. J'ai continué à pleurer sur le chemin du retour et je ne suis pas sortie de chez moi durant une bonne semaine pour digérer l'info. Est-ce que j'allais tenir le coup ou est-ce qu'il fallait que j'abandonne?

Cet été-là, je suis rentrée en France pour la première fois depuis plus de 2 ans... A mon retour à Montréal quelques semaines plus tard, j'ai assisté à une conférence animé par un membre de mon département. Je vois encore l'air étonné et passablement soulagé d'un de mes pairs en me disant *"Ah! Mais vous êtes encore vivante?"* Et moi, de lui rétorquer, légèrement ironique *'Il me semble bien que oui, Monsieur, vous m'en voyez désolée."*

Il fallait que je comprenne les règles du jeu et il fallait que je comprenne comment je pouvais tirer partie de la situation pour limiter les dégâts. J'étais seule à Montréal, je ne pouvais compter que sur moi... Enfin, c'est ce que je pensais jusqu'à ce que mon plus vieil ami m'annonce qu'il arrivait par l'avion du lendemain... Il est reparti 8 semaines après.

A son contact, j'ai observé, j'ai appris et j'ai pris une décision: j'irai jusqu'au bout quoi qu'il en coûte. Je ne serais certainement pas l'étudiante de l'année mais tout ce que je voulais c'était en finir et en finir vite.

C'est surement la première fois que j'ai consciemment mis en place tout un stratagème pour arriver au bout. Je me suis donnée comme objectif de faire ce qui est rarement fait par un doctorant: écrire, relire, faire corriger et déposer ma thèse en 9 mois.

Une année universitaire pour en finir! Une année pour produire ces 250 pages et pas une de plus! Une année pour entrer dans le moule mieux que personne avant moi! Une année pour coller à ce qu'on attendait de moi! **Une année pour réaliser qu'on écrit une thèse davantage pour entrer dans le cadre de ce qui est attendu plutôt que dans le cadre de l'innovation...** Et quelle année.

A objectif extrême, plan extrême! Je ne supportais plus mon appartement, j'avais l'impression d'étouffer, de voir les murs se rapprochaient de moi à chaque fois que je m'installais à mon bureau. Et puis, une nuit, je me suis relevée, il était 3 heures du matin. Je venais d'avoir une idée.

Je me suis installée dans une couverture et j'ai commencé à griffonner comme une folle. A la télé, il y avait une énième rediffusion de je ne sais plus quoi... je m'en fichais, j'avais juste besoin de bruit autour de moi. J'ai échafaudé mon plan en divisant le nombre de pages à écrire par le nombre de jour... et puis j'ai ajouté le temps pour corriger et resoumettre le tout à mon directeur. **J'avais mon plan idéal: une page par jour au moins et j'y arriverais.**

Just une seule petite page par jour! Durant 9 mois, 270 jours, c'est ce qui m'a fait tenir! C'est ce qui m'a permis de sortir de mon lit, du lundi au dimanche, qu'il y ait eu une tempête ou pas... Si j'écrivais une page par jour, je me rapprochais du départ, je me rapprochais de la fin de ce calvaire qui était en train de me ronger.

Alors, chaque jour, je suis allée dans le même café pour boire le même moka et travailler sur la même table. J'ai fini par être connue de tout le monde là bas (coucou Fanny, coucou Raphaël)!

Je n'avais même plus besoin de dire ce que je voulais boire et j'imaginais souvent que je viendrais coller une étiquette sur la table où je travaillais qui dirait *"Ci-gît les restes de mes rêves enterrés au hasard d'un malentendu dans les méandres du monde académique."* (J'ai souvent des envolées lyriques lorsque j'ai besoin d'être cynique).

En l'écrivant, j'arriverais presque à en rire… Il faudrait que j'insiste sur le "presque" parce que je garde de cette époque encore des cicatrices que j'ai du mal à montrer ou à évoquer.

Pour être certaine de ne pas avoir le choix, je n'ai pas renouvelé mon visa (il était valable jusqu'au lendemain de la date butoir de la remise du manuscrit), j'ai donné mon congé à mon propriétaire et j'ai réservé un billet d'avion. Dans la même semaine, je prenais les photos de tous mes meubles pour les mettre en vente dans les 15 derniers jours de ma présence à Montréal.

Ce n'est pas tant la masse de travail qui était vraiment compliquée à gérer, ni même la difficulté d'aborder simplement des thèmes qui divisent encore la plupart des spécialistes. Non, ce qui a rendu cette expérience extrêmement difficile, c'est **cette impression d'être une moins que rien, d'être une sorte de déchet dont on devait se débarrasser et à qui on ne devait surtout pas faciliter la tâche.**

J'avais construit avec fragilité une sorte d'équilibre qui reposait sur ma capacité à travailler, à fournir des résultats, à réussir quoi qu'il en coûte, à trouver des solutions là où d'autres voyaient des problèmes.

J'avais, plus ou moins consciemment, mis de côté tout le reste de ma vie en gardant en tête que, si je tenais le coup encore quelques mois, j'aurais un bon poste de prof à l'Université et que je serais soutenue/ guidée par mes pairs pour commencer modestement une carrière. Avec les années, j'aurais pu construire ma réputation, publier des articles, participer à d'autres conférences, organiser des réunions pour aider mes étudiants... J'avais en tête une conception de l'enseignement et de l'aide qui me poussait à tenir le choc.

Quand je me suis réveillée, cette nuit de Septembre, où j'ai dessiné mon plan pour les 270 jours à venir, j'ai eu l'impression de sortir la tête de l'eau... de reprendre péniblement mon souffle après m'être noyée durant plus de 3 ans. **J'avais touché le fond: je me mettais à douter de moi...** pas en temps que personne (mais en tant que chercheur, en tant que futur docteur, en tant que scientifique).

Douter est bien plus dramatique pour moi que d'avoir peur. La peur peut avoir des fondements réels, matériels, logiques, cohérents. On peut tous, légitimement, avoir peur de croiser un serpent à sonnettes durant un voyage exotique, avoir peur du noir quand on a 5 ans, avoir peur des clowns ou avoir le vertige. Même si on ne les comprend pas forcément, ces peurs ont un fondement qu'on peut isoler.

Mais... le doute... Le doute est plus pervers. Il s'installe discrètement, petit à petit et sans prévenir. Il s'instille dans un aspect de notre vie

(Qui n'a pas douté de son charme? de sa tenue? d'une idée?). Souvent, le doute s'arrête là d'ailleurs. Il reste cantonné à un seul domaine ou il s'évanouit aussi rapidement qu'il est venu. Un sourire ou un petit mot gentil nous fait oublier le doute sur la tenue choisie, la cuisson du gâteau ou encore les nouvelles chaussures qu'on vient d'acheter.

D'autres fois, le doute persiste... Il s'enfonce encore plus loin dans notre cerveau. Notre esprit se met à décloisonner et le doute passer de la cuisson du gâteau à notre tour de taille en passant par le style de vêtements qu'on choisit. C'est ce qui m'est arrivé et j'ai mis trois ans à m'en rendre compte.

Petit à petit, ce qui faisait mes fondations: la confiance en mon travail, la persévérance, le courage d'avancer se sont effrités minés par les remarques caustiques. Un peu comme un géant aux pieds d'argile, je me suis effondrée aussi sûrement que l'eau finit par détruire les falaises de calcaire:

"-   Est ce que je pourrais avoir un rendez-vous avec vous?
- Mais, vous savez que vous êtes très loin d'être l'une de mes priorités!"

"-   Ce que vous avez écrit ne vaut même pas le prix du papier que vous avez dépensé. Vous auriez mieux fait de tout mettre aux ordures."

"- C'est quand même malheureux que ce soit toi qui ait eu la bourse. Les étrangers ne devraient pas avoir le droit de postuler."

"- On devait te casser. Tu allais trop vite et trop bien."

"- Tu sais, ça ne se passe jamais bien pour les français ici.... Il faudrait que tu joues le jeu pour limiter les dégâts, sinon tu ne termineras pas."

"- Tu n'as qu'à te débrouiller pour cette phase là. Tu ne crois quand même pas que je vais faire ton boulot".

Lentement mais sûrement, j'ai glissé vers un gouffre dont on ne remonte pas sans séquelle. **J'étais introvertie, je suis devenue peureuse puis anxieuse.** J'ai même développé une forme de paranoïa et d'agoraphobie.

Je passais mes journées à écrire ma thèse et mes nuits à pleurer recroquevillée dans un coin de mon appartement. Je ne supportais pas qu'on me touche, qu'on m'approche ou qu'on me parle. Je rêvais de silence et de calme.

Heureusement pour moi, je ne fume pas et je ne bois pas une goutte d'alcool mais j'avais toujours une bouteille dans mon frigo au cas où je reçoive des amis. Je me souviens encore d'une nuit où je me suis retrouvée à "négocier" avec mon frigo… la porte ouverte et la main qui se tend vers la bouteille. Ca n'a duré que quelques secondes mais je garde encore la sensation étrange de pouvoir basculer et de plonger encore plus bas.

Durant ces 9 mois, j'ai enfilé la plus dure et la plus épineuse des armures pour tenir le choc. Je me suis montrée polie et respectueuse mais mon comportement n'avait rien de naturel. Il était automatique, calculé, anticipé, froid et mécanique. J'y ai certainement perdu beaucoup de mon humanité et, quelque part, je l'assume.

Dans mon agenda, tout était planifié: le temps d'écriture, le temps de relecture, le jour où je soumettais mes chapitres, le temps pour les corrections, le temps "au cas où". Chaque étape était préparée et structurée.

A la fin du mois d'Août, mon manuscrit était prêt, terminé, FINI. J'avais réussi! J'étais épuisée mais j'avais tenu le choc. Le 31 Août, je suis allée faire toutes les impressions... et je suis allée remettre les 5 exemplaires du manuscrit. Je trouvais le sac tellement lourd. En fait, je le serrais tellement fort que mes jointures étaient devenues blanches.

En sortant de l'Université, je me sentais légère... Je n'avais rien de prêt. Mon avion décollait dans 10 jours mais j'avais fini et j'étais VIVANTE. Je suis passée me chercher un énorme sous marin, j'ai acheté du chocolat et une grande bouteille de lait et je suis rentrée chez moi. Je n'avais pas mangé depuis 2 jours... J'ai tout dévoré et j'ai passé le reste de la journée à trier, à ranger, à donner et à jeter tout ce qui me tombait sous la main pour préparer mon déménagement.

Il était temps de clore le chapitre Montréal et de reconstruire ma vie. Il fallait que je résume presque 4 ans et demi de ma vie dans deux valises de 32 kilos. Heureusement pour moi, j'ai vendu très rapidement la quasi totalité de mes meubles. J'ai empaqueté le reste de mes affaires (je savais qu'il faudrait que je revienne pour la soutenance) et j'ai demandé de l'aide... Étrangement, personne n'était disponible pour m'aider à ranger ces quelques cartons.

Trois jours plus tard, tout le monde était prévenu que je partais. J'ai rendu mes clés. Je suis montée dans le taxi et je suis allée jusqu'à l'aéroport...seule. Tous mes "amis" avaient autre chose à faire ce jour-là. Certains étaient déjà en Europe, les autres avaient d'autres priorités. C'est une drôle d'expérience que de prendre l'avion pour la dernière fois sans que personne ne soit là pour vous. C'est un peu comme si tous les liens tissés depuis toutes ces années n'avaient eu aucune conséquence. Je l'ai pris comme un signe que ma vie n'était pas là, que j'avais raison de partir sans me retourner.

Encore aujourd'hui, mon coeur se serre en repensant à cette scène à l'aéroport. Je voyais les familles se séparer en pleurant, les amis se retrouver pour de nouvelles aventures, les couples en larmes se séparer pour les vacances et moi... je semblais transparente dans ce grand aéroport.

A mon retour en France, je n'ai pas trouvé le sommeil durant des semaines. Mon médecin a fini par diagnostiquer un burn out et une forme de dépression sévère. J'ai failli demander à être internée parce que j'avais l'impression de devenir folle. Je prenais tout de travers, je broyais du noir et j'en étais arrivée à la conclusion qu'il devenait nécessaire d'en finir définitivement.... comme j'avais déjà failli le faire à Montréal.

Les jours, les semaines et les mois ont fini par passer. Je voyais mes amis construire leurs vies et j'avais l'impression d'être spectatrice de la mienne. Rien ne semblait avancer, mon doctorat en poche, j'ai fini par me faire une raison. **La criminologie et la France n'allaient pas ensemble.**

J'ai remué ciel et terre après ma soutenance.... Les réponses qui me sont revenues me font mourir de rire avec le recul. Je vous passe les *"mais vous devriez passer les concours de la catégorie C"*, *"vous avez déjà pensé à devenir gendarme?"* *"Peut-être que vous pourriez faire de l'interim?"*

C'était d'autant plus rageant que je voyais ces pseudo criminologues s'étaler à la télévision. L'ancien auteur de livres pour enfants qui devient spécialiste, le journaliste qui a rencontré des tueurs qui devient LE grand gourou des crimes en série ou encore le fan de séries télé qui donne des cours aux forces de l'ordre. J'en rirais si ce n'était pas si dommageable.

Alors, après plus de 457 emails de candidature envoyés dans toute l'Europe et une tentative ratée de cabinet de consulting en criminologie, il fallait bien que je me rende à l'évidence. Je n'étais pas faite pour ça. Je ne savais pas encore ce que ça impliquait mais il était certain que ma voie n'était finalement pas dans ce domaine.

Et maintenant que les années ont passé? Je regarde toujours avec un certain amusement ce qui se passe dans le monde et en France. J'écoute, avec un mépris assumé, les idioties qui sont présentées comme des vérités et je laisse à tous les psycho sociologues le loisir de se faire appeler criminologues si jamais ils avaient encore besoin de ça pour se gargariser.

De cette période noire post doc, je garde le souvenir d'une découverte un peu étrange sur celle que je suis en fin de compte... Mais, ça, on en parle dans le prochain chapitre

**Attention Petite Précision:** je ne suis pas en train de dire que j'ai été bêtement susceptible ou soupe au lait et que j'ai mal interprété ce qui a été dit (encore que côté mauvaise interprétation, cela reste une piste tout à fait envisageable). Personne n'a a un parcours parfait de bout en bout. On a tous des efforts à faire, des aspects de notre travail à améliorer. Il y a toujours un moyen de faire mieux, de présenter plus simplement les choses, d'envisager différemment nos résultats.

## Les Clés à Retenir

- Il ne faut jamais avoir honte des périodes les plus noires de notre vie.
- Ces périodes forgent notre caractère et finissent par montrer le meilleur de nous-mêmes.
- Nous avons tous notre propre stratégie pour sortir la tête de l'eau.
- Il faut juste trouver ce qui marche pour nous et restez concentré dessus (sans regarder à côté).
- Il est important de pouvoir regarder en face les moments les plus troubles de notre existence (pas pour avoir à nouveau mal mais pour se rendre compte du progrès accompli et du chemin parcouru).
- Il n'y a pas de bon ou de mauvais chemin, il y a le chemin que vous acceptez de suivre et les conséquences qui vont avec.
- Parfois, on n'a pas d'autre choix que de « survivre » parce que « vivre » semble plus douloureux encore.

À vous

Laissez libre court à vos envies, écrivez, hurlez, griffonnez... défoulez vous!

# Chapitre 3 Quand la créativité va, tout va!

*"- Allo Ophélie... Ouais, j'arrive"*

Le noir se fait sur la salle. Le public applaudit. Je me tourne vers ma mère et je lui demande: *" Tu es sûre que c'est dans le texte ça?"*

Je venais d'entendre mon prénom sur la scène d'un théâtre parisien et c'était l'un de mes acteurs préférés qui venait de le prononcer. Je n'étais pas certaine d'avoir rêvé ou de devoir me pincer. A la fin de la représentation, j'étais sur un nuage. Je voulais remercier cet acteur mais je ne voulais déranger personne. Ma mère a littéralement dû me pousser pour que je m'approche. Il m'a vue dans la glace, il s'est levé d'un bond pour me prendre dans ses bras:

*"- Je suis tellement content de ne pas m'être trompé de soir! Tu as aimé la pièce?"*

J'ai bredouillé quelque chose dont je n'arrive pas à me souvenir mais ce que je garde en mémoire, c'est cette impression de ne pas être inadéquate, de ne pas être inappropriée. J'étais retombée amoureuse.... du théâtre et c'était tout ce dont j'avais besoin pour passer de l'autre côté du voile.

# Section 1 Comment l'écriture m'a sauvé la vie

Après mon Doctorat, je n'avais plus goût à rien. Mon attention et ma concentration étaient au plus bas et je ne supportais rien durant plus de 10 minutes.

J'étais vite agacée à chaque fois que j'entendais quelqu'un me dire ce que je devrais faire, ce qu'il serait bon que je fasse ou ce que j'aurais du faire... C'était encore pire lorsqu'on essayait de me donner un conseil... Je montais sur mes grands chevaux aussi rapidement que je culpabilisais de m'être énervée. Je finissais, à chaque fois, repliée sur moi-même à maudire mes réactions stupides.

Avec le recul, je pense surtout que je n'en pouvais plus de faire quelque chose qui ne ME plaisait pas. Je venais de passer des années à me plier à ce que d'autres voulaient me faire dire, me faire faire et me faire penser. Je saturais et j'avais besoin d'air.

J'aurais surement dû m'y prendre autrement et parler au lieu de me renfermer mais je faisais ce qui me semblait être la meilleure chose pour moi (en essayant de ne blesser personne au passage). Je parlais peu... juste le minimum. J'avais fini par penser qu'à chaque fois que j'ouvrais la bouche, je faisais du mal à quelqu'un.

Les choses ont commencé à changer lorsqu'il a fallu que j'aille récupérer le reste de mes paquets canadiens qui avaient transité, par fret, quelque part, dans une petite ville bien bucolique d'Alsace. J'essaie de rendre le tableau poétique parce que l'expérience a été plutôt désagréable. Si jamais vous n'avez jamais essayé d'expliquer à un représentant de l'Etat de quoi se compose le déménagement d'une étudiante de Doctorat, je vous le conseille. J'ai été accusée de faire du trafic de marchandises illégales. Tout le monde sait que dans les milieux interlopes, on me surnomme Lily la Sucrée parce que je revends le meilleur sirop d'érable de toute l'Europe.

Il m'a reproché de ramener des paquets trop lourds... Ben oui, dis donc, des fois que mes livres ne seraient pas faits avec du papier mais avec de l'hélium, ce serait moins pesant. Il m'a expliqué que c'était louche de ramener uniquement des livres de Montréal... Vraiment? Breaking News, durant mon Doctorat, j'ai lu plus de 450 livres.

Et la cerise sur le cupcake sans gluten, on me demandait de prouver que j'avais bien habité au Québec et j'essayais désespérément de dire que ce papier était justement dans les cartons que je devais récupérer... Trois heures plus tard, on avait enfin les cartons et en rentrant en Lorraine, je prenais un plaisir non dissimulé à envoyer les scanners de plus de 17 documents à ladite administration pour prouver ma bonne foi. Revancharde? Non, non juste juriste et incapable de supporter de fausses accusations.

C'est d'autant plus comique comme situation que, ladite administration se plaint régulièrement d'un surcroît de travail pour ne pas me laisser approcher de mes paquets. Petite précision: on ne pouvait pas m'accompagner pour récupérer le papier dans la réserve et, en même temps, je constatais que les 3 autres fonctionnaires étaient en train de jouer au solitaire sur leur PC.

Au retour, il faut tout décharger... tout trier et se replonger une fois pour toute dans ce passé montréalais. Au milieu des papiers et des attestations de travail, je suis tombée sur un petit carnet de notes.

En l'ouvrant, j'ai retrouvé des post-it griffonnés, des notes écrites à la va-vite, des morceaux de papier glissés à la hâte... juste pour ne pas les perdre. J'avais oublié ces petites pépites: des idées de sketch, des morceaux d'histoire, des plans pour des pièces de théâtre, des consignes de jeu, des idées de mise en scène, des ébauches de décor...

Mieux qu'un matin de Noël, j'ai découvert que j'avais réussi à créer durant ces années de terreur, autre chose que cette maudite thèse qui me hantait. Le petit carnet était accompagné d'un exemplaire des Fleurs du Mal de Baudelaire. En le parcourant, j'ai vu les pages gondolées par l'eau, l'encre lavé et certains poèmes qui étaient à peine lisibles... Il m'a fallu quelques minutes pour me souvenir que, lorsque j'allais si mal dans mon appartement montréalais, j'ouvrais le livre pour lire quelques paragraphes et que je laissais mes larmes couler sur les pages. Un peu comme un confident, ce livre m'avait permis de faire sortir toute la honte et la douleur qui dormaient en moi.

D'une certaine manière, le carnet et le livre m'ont sauvé la vie. Ils sont, encore aujourd'hui, la preuve que nous avons en nous bien plus de courage, d'espoir et d'envie qu'on ne peut le soupçonner. Il n'est pas forcément évident de trouver exactement comment s'exprime notre courage mais, parfois, il arrive que ce soit notre instinct (ou notre intuition) qui nous pousse dans la bonne direction.

J'ai passé les semaines qui ont suivi à relire mes notes, à remettre au propre tout ce que j'y avais trouvé et, même, à relire certaines choses que j'avais écrite à l'époque.... jusqu'à ce que je réalise que j'avais déjà écrit un livre pour mon meilleur ami. Je l'avais interrogé durant des heures et j'avais ensuite rassemblé son histoire en un livre que je lui ai offert pour ses 30 ans.

J'ai relu tout le théâtre qui me tombait sous la main, j'ai revu une bonne centaine de fois certaines pièces jusqu'à me rendre compte que je pouvais à nouveau rire... que je pouvais à nouveau sourire sans avoir l'impression de me mentir. L'écriture et le théâtre étaient en train de me redonner goût à la vie. Je rêvais de Vaudeville, de pièces de boulevard... de situations comiques et d'acteurs de génie à qui je pourrais offrir mes pièces.

Au delà de l'art dramatique, c'était surtout l'étincelle de créer qui était revenue. L'idée même de faire naître quelque chose de mon cerveau et que, ce quelque chose pourrait être plaisant à lire était presque une nouveauté. Tout ce que je pensais être capable de faire jusqu'à présent, c'était d'être une chose ennuyeuse, inutile et sans intérêt. Alors qu'en fin de compte, c'était juste une question de medium, de moyen, de vecteur... Comme les artistes, il suffisait que je trouve ce qui allait me permettre de m'exprimer et ce qui allait me permettre de transmettre ce qui était important pour moi.

Vraisemblablement, le fait d'être introvertie (et d'en être conscience) joue un rôle sur la manière dont j'interagis avec le monde. Il est, du coup, un peu moins étonnant d'avoir choisi l'écriture pour m'exprimer. L'écriture ne requiert que moi et mon cerveau, mon imagination pour faire naître un nouveau monde, un nouveau personnage, une nouvelle fable, un nouveau meurtre, un nouveau héros... une nouvelle organisation de lutte contre le malheur. Peut-être que si j'avais été extravertie, j'aurais eu plus d'inclination vers la vidéo ou les arts "traditionnels" comme le dessin ou la peinture...

Quelle que soit la manière dont nous nous exprimons, il semble que nous puissions toujours compter sur quelque chose dans notre esprit pour nous aider à survivre et à traverser ce qui nous semble être l'enfer. Je ne suis pas en train de dire que c'est une sinécure, ni même une évidence. Il est même assez rare qu'on trouve du premier coup mais, ce que j'ai appris avec les années, c'est que nous avons tous cette capacité à renaître de nos cendres.

Quelle que soit l'horreur d'une situation, quelle que soit les cicatrices qu'on conserve, on ne devrait jamais avoir honte de l'une ou de l'autre. Notre passé ne définit pas notre présent ni même notre avenir mais il est un bon indicateur de la force qu'on a en nous, des épreuves qu'on a traversées et du chemin qu'on a parcouru.

Si aujourd'hui, j'arrive à écrire sur des sujets aussi personnels et sensibles que mon enfance et mes années de galère à Montréal, c'est en grande partie parce que c'est le moment et que l'écriture m'a toujours libérée. Est ce que j'ai peur de la manière dont ce livre va être accueilli? **Evidemment!** Est ce que cette peur m'empêche d'écrire? **Absolument PAS!**

A partir du moment où je ne diffame personne et où personne ne peut se reconnaître, j'ai la liberté de raconter mon histoire telle que je l'ai vécue…. Ecrire me permet d'être LIBRE. Je ne dois cette liberté à personne. Je n'ai aucun service à rendre pour en profiter, aucune compromission pour en jouir complètement. **Je suis et je reste libre de mes pensées, de mes choix, de mes envies et de ce que j'accepte de partager.**

Je ne suis pas la première à avoir partagé des tranches de vie. Mon livre n'a aucunement la prétention d'être comparé à des chefs d'oeuvres comme celui d'Anne Frank ou comme le recueil de poèmes des femmes de Ravensbrück pour qui la poésie leur a littéralement sauvé la vie. Non, je cherche juste à vous expliquer que lorsqu'on a trouvé un support pour parler de son passé, pour digérer l'horreur, pour remettre à plat les injustices… Tout d'un coup, ce passé si douloureux devient supportable. Nos blessures si profondes se referment doucement… jusqu'à devenir des cicatrices qu'on finit par arborer fièrement.

Cinq après, je suis fière d'être toujours debout. Je suis fière d'être celle que je suis imparfaite, libre et heureuse. Je ne suis pas celle qu'on attend de moi, je suis ronde, introvertie et je déteste les princesses. Vous savez quoi? Ca n'a aucune importance parce que je suis **#AbsolumentMoi.**

## Section 2: 私の宇宙カワイへようこそ

Bienvenue dans mon univers kawaii (en français dans le texte)
Je prends toujours d'infinies précautions pour compartimenter ma vie privée et ma vie professionnelle. J'étais et je suis persuadée que tout le monde n'a pas besoin de tout savoir sur ce que je fais à toute heure du jour et de la nuit.

Autant j'aime partager des bons plans, des idées qui peuvent aider, des photos rigolotes, des livres que j'ai lus... Autant, il est vraiment exceptionnel que vous croisiez sur des photos ma "famille", mes proches ou encore les choses que je considère relever de ma vie privée. Cette manière de penser est aux antipodes de tout ce qui est largement prescrit par les réseaux sociaux...

Un peu comme une course à l'échalote, c'est à celui qui publiera le plus d'infos privées, qui montrera les photos de son enfant, de son nouveau maillot de bain, de son nouveau copain, des restes du dernier repas... A quand l'accouchement en direct? (et je reste polie)

Cette frontière n'est pas qu'un rempart pour garder les gens à distance, c'est surtout un espace dans lequel j'ai besoin de me retrouver SEULE. **Je ne suis pas asociale, j'ai juste besoin de choisir avec qui et comment je présente les choses.**

Durant longtemps, ce cloisonnement m'a mis également à l'abri des critiques et des insultes. Après en avoir tellement subi étant plus jeune (si vous avez besoin d'un petit retour en arrière, le chapitre 1 ou 2 devrait vous amuser), je ne me voyais pas partager certains aspects de ma personnalité .... Même si ces aspects n'étaient absolument pas répréhensibles ou trop personnels pour être enfermés dans mon jardin secret. Derrière cette crainte, il y avait surement la peur du jugement ou l'impression d'être, une fois de plus, décalée.... parce que ce n'est "plus de mon âge".

Effectivement, je suis censée être trop "vieille" pour ce genre de passion, trop "grande" pour ce genre de collection, trop trop en fin de compte.... Si vous voulez mon avis, on est toujours "trop" quelque chose pour quelqu'un.... On ne peut JAMAIS plaire à tout le monde et c'est plutôt une très bonne nouvelle. Jusque là rien de nouveau sous le soleil, Oscar Wilde le disait déjà *"Soyez vous mêmes, les autres sont déjà pris"*. Autant suivre le conseil de celui qui nous disait aussi de résister à tout sauf à la tentation... d'être soi-même.

Aujourd'hui, je peux bien vous l'avouer. J'ai une passion dévorante pour le Japon (pas pour la chasse aux baleines... ni pour l'époque des Ninjas qui maniaient le sabre dans des conditions extrêmes).

Il y a comme un sentiment de temps suspendu au Japon, un peu comme si, dans la même ville, on pouvait être totalement régressif comme à Akihabara ou très loyal devant la statue d'Akiko avant de finir dans une petite rue à manger un bol de soupe miso ou des ramen au poulet.

Leurs traditions de loyauté, d'honneur et de respect me réconfortent dans l'idée que je ne suis pas complètement folle et que je ne délire pas. C'est parfois très compliqué de garder le cap et d'avancer lorsqu'on sent qu'on pourrait glisser d'un côté ou de l'autre d'un précipice. Ni borderline, ni schizophrène, ni paranoïaque…. j'ai juste une personnalité introvertie qui s'attache aux "traditions", aux valeurs de base comme la politesse, la ponctualité, le professionnalisme et le respect.

Cet aspect, qui peut paraître austère et sans grand intérêt pour une jeune femme, est juste l'une des facettes de ma personnalité. Un peu comme sur un casse tête, on découvre toujours de nouveaux espaces, de nouvelles possibilités… d'autres énigmes à résoudre.

Du Japon, j'ai tout d'abord découvert l'histoire puis la botanique avec ces fantastiques bonsaïs comme ceux du Jardin Japonais de Montréal où je passais des heures seule lorsque mon stress était trop élevé. Je trouvais cette technique fascinante. L'idée d'avoir, en tout petit, des arbres qui, dans la nature, pourraient mesurer quelques mètres... quelques dizaines de mètres. Ca avait quelque chose d'irréel.

Histoire de ne pas mourir idiote, je me suis documentée sur les mangas... Des livres écrits "a priori" à l'envers, ça avait l'air super étrange au début et en fin de compte, c'est un pur bonheur pour une gauchère. Je ne suis pas une grande spécialiste (on en est même très loin) mais il y a certains shojos que j'aime beaucoup et d'autres qui font passer un message beaucoup moins évident qu'on ne pourrait le penser pour des livres censés être faits pour un public jeune.

Pas encore mangaka accomplie (= amatrice de manga), j'avoue que j'adore passer une journée enroulée dans ma couette avec du chocolat chaud et quelques sucreries à lire des mangas... Téléphone coupé, personne autour... **Le hygge version kawaii en fin de compte...**

D'ailleurs, il ne faut pas se méprendre. Bien que j'ai une profonde horreur de tout ce qui est Princesse, Fées et poudre de perlin machin (rendez vous dans le chapitre 6 pour savoir de quoi je parle), j'ai beaucoup de respect pour ce que représente le kawaii au Japon. Mélange d'innocence et de simplicité, c'est pratiquement une forme d'art qui ajoute un côté mignon aux objets et aux choses les plus banales pour leur donner un je ne sais quoi d'attachant.

Les objets kawaii me donnent le sourire aussi sûrement que j'ai la nausée en voyant une licorne ou un nounours dodu en train de répandre "bonheur, joie et amour". Conflit de culture ou acclimatation excessive, je ne peux pas m'empêcher de ressentir une profonde hypocrisie derrière les mots et les principes qui sont associés à tout ce marasme princess-esque.

Le kawaii me permet, a contrario, de combler seule et sans déranger personne les trous laissés dans mon enfance. Ni prosélyte, ni apôtre du kawaii, vous ne me verrez pas habillée en rose dans la rue, en train de me déguiser en sweet lolita avec un sac nounours qui sentirait la fraise.

Par contre, si vous entrez chez moi, vous croiserez quelques figurines kawaii, des kokeshis, des crayons rose pastel et des autocollants rigolo rangés dans une trousse en forme de panda. J'assume très bien ce côté régressif parce que je ne l'impose à personne et qu'il n'a rien à voir avec celle que je suis lorsque je travaille avec mes clients.

Je garde un côté humoristique et drôle sans avoir un comportement de petite fille de trois ans qui va faire son caprice en se roulant par terre dans la rue parce que je n'ai pas reçu la poupée *"je suis belle et pas bien intelligente"* à mon dernier goûter.

Avec les années, je suis convaincue qu'avoir cet aspect plus innocent et plus fun me permet de conserver mon calme et mon équilibre plus longtemps et plus facilement. Certains font du yoga (désolée, moi, j'ai horreur de ça), d'autres peignent… moi je collectionne les kokeshis et je mange des bentos kawaii composés de sushis.

Tout ça pour vous dire que, pour garder/ conserver/ retrouver une forme d'équilibre dans notre vie, on peut faire appel à une forme de créativité sans avoir à justifier ses choix.

Evidemment, certains seront ravis de vous dire que vous feriez mieux de grandir et d'agir comme un adulte… mais si "agir comme un adulte", c'est être saoul tous les samedis soirs pour éviter de se souvenir que votre vie est sans intérêt et que vous allez tous les jours de la  semaine travailler dans une entreprise qui vous broie… Honnêtement, j'aime autant être ce que je suis et avoir mes "travers" à moi.

Si vous avez ce genre de "bonnes âmes" autour de vous, mettez des oeillères et passez votre chemin. Personne n'a le droit de remettre en doute ce que vous êtes parce que vous ne rentrez pas dans le moule imposé par la masse.  Utilisez votre créativité pour sortir des sentiers battus, pensez en dehors de votre cubicule ou de vos anciens schémas. Vous pouvez réinventer un nouvel équilibre, repensez ce qui vous rend unique sans les carcans des bien pensants.

**Votre créativité est une arme de liberté massive…** même fatigué, épuisé, usé ou prêt à commettre les pires horreurs. Votre créativité contient l'essence même de ce qui fait de vous un être unique: la capacité à vous réinventer et à transformer ce qui nous rend vulnérable en une force qu'on ne soupçonne même pas.

A la différence de beaucoup de mes comparses, je n'adhère pas à l'idée de vulnérabilité. J'ai tendance à y voir une forme de faiblesse qui est exploitable par les vautours qui se présentent. Je n'ai jamais voulu admettre ni reconnaître que j'étais vulnérable. J'adhère encore moins à cette idée lorsqu'il s'agit de s'ouvrir aux autres pour leur montrer nos cicatrices en croisant les doigts pour que l'autre, en face, n'en profite pas pour nous victimiser à nouveau.

Ok, on reste calme... Je n'ai jamais dit que j'étais une sorte de superwoman qui avait toujours tout réussi. On en est bien loin! Je suis plutôt du genre à me dire qu'une fois qu'on a digéré un événement dramatique, on peut éventuellement revenir dessus (comme ce que je fais ici avec ce livre) mais ce n'est pas une raison pour permettre à qui que ce soit de critiquer ce qui fait votre passé.

**Vous n'avez aucune obligation de suivre les modes et les tendances, si elles ne vous parlent pas....** Diane de Poitiers est morte d'avoir bu de l'esprit d'or parce qu'on pensait que si on mettait une pépite dans de l'eau pendant assez longtemps, l'eau aurait les propriétés de l'or. Malheureusement pour elle, son apothicaire était trop honnête et il mettait vraiment quelques milligrammes d'or... ce qui l'a intoxiquée. Tous les autres apothicaires étaient juste là pour se faire de l'argent avec une arnaque...

Tout ce qui arrive à vos oreilles n'est pas forcément la réponse miracle à vos prières. Il est illusoire de courir après le dernier objet brillant sans penser qu'il peut y avoir des arnaques derrière ça. Ce n'est pas parce que tout le monde fait du yoga que vous DEVEZ faire du yoga. Et si la sophro-coacho-reiko-shamano-yogo-relaxation plantaire ne vous parle pas... alors passez à autre chose.

**Ne vous excusez pas d'avoir un cerveau et de vous en servir! Vous n'êtes pas un mouton, alors montrez le et soyez en fier.**

## Les Clés à Retenir

- Il n'y a pas de limite à votre créativité
- N'ayez pas peur d'expérimenter et de vous tromper.
- Les détours font de vous ce que vous êtes (Marie Forleo)
- Suivez ce qui est bon pour vous, pas ce qui est bon pour les autres
- Vous n'avez pas besoin de partager quoi que ce soit si vous n'en avez pas envie
- Oui, cela peut prendre du temps mais vous n'avez pas à paniquer

- Listez toutes les activités artistiques qui vous font plaisir: soit parce que vous les avez testées, soit parce que vous aimeriez les tester.

| Nom de l'activité | J'ai testé? O/N | J'ai aimé? O/N |
| --- | --- | --- |
|  |  |  |
|  |  |  |
|  |  |  |
|  |  |  |
|  |  |  |
|  |  |  |

Dès que vous en avez besoin, replongez dedans et faites vous plaisir.

# Chapitre 4 Grosse, obèse et moche

Je vous en remets un peu ou ça va aller?

A force de faire des surveillances à l'Université, on finit par connaître un peu tout le monde... surtout quand l'équipe est sympa. C'était un plaisir de passer déposer les copies et les papiers administratifs à la fin de chaque examen. On en profitait, parfois, pour papoter deux minutes.

C'est d'ailleurs ce qu'on a fait ce soir là.. jusqu'à ce que j'entende mon collègue dire "Ophélie, elle serait bien, si seulement elle faisait 30 kilos de moins." Je ne savais plus où me mettre, j'ai souri et j'ai plaisanté mais j'avais juste mal. Est-ce-que je valais moins que rien parce que je ne rentrais pas dans un 36?

Quelques semaines plus tard, j'étais en train de faire des courses. On était dimanche, il n'y a pratiquement personne dans le rayon des fruits et j'avais envie d'une salade de fruits comme dessert. Je pesais des bananes quand j'ai entendu derrière moi la voix d'un homme que je ne connaissais pas: "Vous savez, grosse comme vous êtes, il vaudrait mieux se passer de banane. C'est pas bon pour vous." Sidérée, j'ai regardé mes bananes l'air morne. Je les ai sorties du sac, je les ai remises dans le rayon et je suis partie sans rien acheter. Je suis rentrée chez moi et, durant tout le trajet, je n'avais qu'une seule pensée en tête: **Quand on est gros/rond, on n'a pas le droit d'être heureux.**

En l'occurrence, je ne peux m'en prendre qu'à moi. C'est un fait, je ne rentre pas dans un 36 et je n'y rentrerai vraisemblablement jamais. Mais, au lieu de traiter l'information comme un simple fait au même titre que je mesure 1m75, je me suis mise à y voir un jugement de valeur que je ne pouvais pas ignorer: j'étais en train de douter de moi parce que j'avais l'impression d'être un monstre.

# Section 1: Perceptions, Croyances & Dysmorphophobie

"Une femme n'est jamais trop riche et trop mince…" Poncif, vieux comme le monde mais qui a la dent dure et qui a tendance à se répandre au moins aussi vite qu'une mauvaise grippe… Au lieu d'y voir un point de vue, j'y ai vu une vérité à atteindre. Un peu comme si je ne pouvais pas vivre dans le même monde que les « gens normaux » tant que je ne serais pas officiellement mince…

Etre mince est un chemin de croix et un drame qui sont rentrés, assez tard, dans ma vie. Même en étant ado, je ne me souviens pas avoir porté une grande importance à mon apparence. J'étais fascinée par le fait d'apprendre et de remplir mon cerveau de tonnes d'informations mais je me fichais comme de ma première calculatrice de la mode, de la "bonne longueur" de cheveux, du maquillage et des normes qu'il fallait suivre pour être acceptée. J'étais une sorte de sapiosexuelle qui s'ignore en somme; c'est à dire que je fantasmais davantage sur des équations et sur l'intelligence que sur des muscles et des remarques cucul la praline.

Puisque je n'étais pas acceptée (j'étais toujours trop quelque chose ou pas assez quelque chose...), l'apparence était le cadet de mes soucis... A 16 ans, j'ai préféré passer mes week-ends à réviser mon Code de la Route parce que je passais la conduite accompagnée plutôt que de sortir avec les copines pour faire les boutiques. Bizarre? Non, logique... Ma mère venait d'être opérée des deux mains cette année là et il fallait bien pouvoir faire des courses pour manger et boire (affreusement banal n'est il pas?) donc il fallait que je sache conduire.

Alors, à 20 ans, quand j'ai commencé à comprendre que je n'avais pas été cuite dans le même genre de moule que les autres filles, la vie quotidienne a été un peu plus compliquée. Je savais gérer les insultes liées à mes résultats scolaires mais je ne pensais pas que j'allais être insultée dans la rue par des inconnus ou par des personnes qui se disaient mes amis.

A la bêtise de leurs remarques, j'ai souvent répondu par des larmes et par une carapace que j'ai forgée jusqu'à la rendre impénétrable. **L'idée était simple: ne pas être approchée et n'approcher personne.** A la blessure de devoir assumer ce que j'étais, j'ai ajouté la honte d'être différente et les croyances qui vont avec.

Je me suis mise à prendre pour argent comptant toutes les horreurs que j'entendais sans jamais les remettre en cause. Une partie de moi avait "besoin" de se conformer à l'étiquette qu'on lui donnait jusqu'à croire que toutes ces insultes étaient dites pour mon bien. J'étais en train de perdre pied... J'avais dans la tête une litanie de messages d'horreur qui tournait en boucle aussi sûrement qu'une montre suisse donne l'heure juste à la seconde près. Une nuit, j'ai mis tout ça sur papier. J'ai noirci 23 pages recto verso de "gros tas", "bouboule" et autre "déchet humain". C'est lorsque j'ai écrit « Tu n'aurais pas du naître » que j'ai ressenti une sorte d'électrochoc.

Mon cerveau semble prendre un malin plaisir à garder en mémoire tout ce qui m'a été dit dans le fichier "Obèse" histoire de ressortir les données le jour où j'en aurais besoin. (On se demande bien quand on peut avoir besoin d'un fichier pareil...). Et j'en viens, régulièrement, à espérer que mon cerveau soit moins performant...

Je n'ai pas eu la force de remettre en cause toute cette liste immédiatement et je m'en suis même servie pour justifier ma défiance envers mon entourage. Je pensais que je leur rendais service en restant loin d'eux... qu'ils auraient moins honte si je restais à distance... que j'étais supportable de loin mais pas assez bien pour être approchée.

A la différence de certains sujets de moquerie, être gros se voit tout de suite. On a beau essayé de se cacher, c'est pratiquement marquer au fer rouge sur notre profil Facebook. D'ailleurs, vous remarquerez que même le terme gros rend, ceux qui ne le sont pas, très mal à l'aise. On se cherche des paraphrases, des synonymes, des explications... on minimise pour montrer qu'on accepte (même si on ne comprend pas).

Accepter... mais accepter quoi en fin de compte? On n'a aucun problème avec le fait que certains sont blonds, d'autres bruns, d'autres sont... indéterminés (gris/ rouge/ vert/ arc-en-ciel) au gré de leur envie. On ne remet pas en cause les yeux bleus, verts, gris, noisettes... ni même le fait que quelqu'un fasse 1m20 ou 2m10... mais par contre, ne pas rentrer dans un 36 est une tare qu'il faut cacher. Une sorte de truc contagieux qu'on pourrait attraper si on restait trop près de la personne enrobée (moi aussi je peux en trouver des périphrases).

Sorte de citoyens de second rang, les obèses n'auraient droit de cité qu'entre eux "parce qu'ils se comprennent'. A croire, qu'il faut y voir le sous-entendu qu'on ne peut pas faire de mal à ceux qui sont "comme nous" et qu'on ne viendra pas ruiner la soirée des gens "normaux"... A l'heure où on parle de mondialisation, on arrive encore à penser qu'être obèse est une situation à part qui mérite un traitement à part.

*"Toi, tu ne peux pas comprendre les problèmes d'une vraie fille comme moi... "* me disait un jour une "amie".

Effectivement, je ne comprenais pas, à l'époque, et je ne comprends toujours pas, maintenant. Il y a quelque chose de pourri au royaume du Danemark écrivait Shakespeare dans Hamlet mais j'ai bien l'impression qu'il n'y a pas que dans ce royaume là qu'il y a des aspects peu reluisants. Durant un temps, j'ai donc fait le choix de rester "entre gros" pensant que ce serait peut-être plus simple ou peut-être plus humain.

Qu'on l'appelle FA pour Fat Acceptance ou Body Acceptance, les règles sont les mêmes... Il y a les mêmes codes, les mêmes limites et je ne m'y retrouvais pas plus. En fait, je ne réalisais pas vraiment qu'il y a avait un fossé entre:

- ce que je percevais de moi (comment je me sentais),

- ce que les autres voyaient/ me renvoyaient

-  et la réalité médicale.

Je n'arrivais pas à faire correspondre ces trois réalités et je me berçais d'illusions en feignant d'être bien dans mes baskets alors que je passais mon temps à craindre qu'on me voit.

Pratiquement du jour au lendemain, je me suis mise à avoir peur qu'on voit un bourrelet par ici ou par là. Je craignais qu'on trouve mes cuisses trop grosses, mes mollets trop dodus, mes bras pas assez musclés, mon ventre trop mou... Je fuyais les magasins comme d'autres fuient les bibliothèques. Je refusais les rares sorties de groupe et je trouvais des excuses pour ne jamais rester seule avec quelqu'un. Je ne percevais que mes défauts et mon entourage me le rendait bien. Jusqu'à ce que je parte pour Las Vegas...

*Remarque: Entendez moi bien, je ne suis pas en train de critiquer toutes les personnes fantastiques qui animent, accueillent et développent des activités au sein du mouvement des FA ou du Body Acceptance. Je suis admirative et très reconnaissante à chacune d'entre elles. Leur travail est loin d'être évident et je leur tire mon chapeau.*

# Section 2: La culture des différences

"What happens in Vegas, stays in Vegas".  En gros (sans mauvais jeu de mot), ce qui se passe à Vegas, reste à Vegas. Dans mon cas, j'ai du tricher un peu parce que ce qui s'est passé à Vegas est maintenant bien gravé dans mon petit cerveau.

Il n'y avait pas que le temps qui était maussade en ce samedi du mois d'Aout. On avait pris l'avion à 5h du matin direction le désert du Nevada. Je ne savais pas trop à quoi m'attendre. Je ne savais pas que durant une semaine, je me suis sentirais enfin normale...

J'avais l'impression d'être au bon endroit, au bon moment, sans avoir peur, sans avoir à me justifier, sans avoir à craindre les critiques et les insultes. Pour la première fois de ma vie, j'ai même porté une robe dos nu et la terre ne s'est pas écroulée autour de moi. J'ai bronzé au bord de la piscine dans un maillot de bain deux pièces sans subir d'insultes ou de remarques désagréables. J'ai vécu sans me poser de questions, sans filtre et sans inquiétude.

En réalité, ce n'est pas tant la ville qui est au coeur du sujet. C'est davantage le rapport entre ce qu'on perçoit de nous-même, dans le pays qui nous a vu naître, par rapport à un pays où on ne fait que passer. Quand on sait qu'en France, une femme fait 1m56 en moyenne, qu'elle chausse du 37, porte du 38/40... Forcément je fais tâche dès le départ avec mon 1m75, mon 41 et mon 46/48.

Quand on vit dans d'autres pays comme la Suisse, la Grande-Bretagne, le Canada, l'Allemagne ou les Etats-Unis, on réalise rapidement que notre apparence est quelque chose de secondaire. Ce n'est pas qu'on subit un lavage de cerveau ou une lobotomie à la douane... Non, c'est juste que le culte du corps apparaît moins important... Les "locaux" accordent de l'importance à d'autres choses que votre tour de hanches. Le Fat Shaming est peut-être un mot récent mais c'est une réalité que tous les gros ont expérimenté au moins une fois dans leurs vies. Parfois, c'est un harcèlement tellement intense qu'il conduit aux suicides ou à des actes de mutilation. Je vous passe également les problèmes psychologiques tels que l'anxiété sociale, les tendances agoraphobes ou encore une forme de comportement proche de l'asocialité.

Parfois, je me dis que cette honte larvée que j'ai gardée enfouie durant plus de 16 ans a saccagé plus que ma confiance en moi. Je m'en suis servie comme un bouclier pour être certaine que personne n'oserait m'approcher et m'assurer que je finirais ma vie "comme c'était prévu": seule et sans personne à mes côtés.

Après tout, c'est ce qu'on a répété durant des années, alors pourquoi est-ce qu'il en serait autrement? Mes expériences amoureuses ont largement contribué à renforcer cette idée. La fille ronde est sympa mais surtout, surtout... elle ne doit pas être autre chose qu'un coup d'un soir. Ce serait trop honteux pour le standing, l'apparence et le réseau.... Mais, attention, breaking news... les personnes qui ne rentrent pas dans un 36 ont un coeur, des sentiments, un cerveau et des émotions! Si vous êtes assez goujat pour ne pas vous en rendre compte, vous faites bien de quitter notre entourage...On mérite mieux que votre mépris et votre petitesse (oui, celle de l'esprit aussi ça compte).

Cette façon de voir les choses m'a même valu un début de rumeur sur mes préférences sexuelles durant mon doctorat... au motif qu'il n'était pas normal qu'on ne me voit jamais accompagné de quelqu'un durant plus de 4 ans. **Et aujourd'hui?** J'ai l'impression qu'il est trop tard... que j'ai raté ma chance et qu'il est peu probable qu'elle se représente.

**Est ce que ça me rend triste?** Bien sûr! Contrairement à ce que certains ont pu penser, j'ai bien un coeur. Même si je m'en sers peu (selon moi), je vous assure qu'il a bien été livré avec le reste du logiciel et des pièces détachées. Je regarde avec compassion et nostalgie ce qui aurait pu être ma vie si j'avais fait d'autres choix. J'assume chacune des conséquences de mes actes et j'apprends, encore aujourd'hui, à détricoter ce sentiment de terreur et de méfiance que j'ai gardé trop longtemps.

Chaque jour, j'essaie de relativiser ce que je pense de moi avec ce que je vois dans le miroir et je lutte contre ma tendance à la dysmorphophobie. Fuir les magazines féminins et les "tendances" de la mode me protègent en partie d'un univers qui accepte tout sauf la différence. Souvent fatiguée par un "combat" qui ne me semble jamais être vraiment le mien, je regarde, de loin, ce que les humains font de leur vie et je me fais la même remarque: **apparemment, ils ont des logiciels que je n'ai pas...**

Attendez, mais oui, c'est bien sûr! Si j'étais moins paresseuse, ce serait différent non? On va ça tout de suite dans la troisième section.

# Section 3: "T'as pensé à faire du sport?"

Lors de mes errances en terre FA et puis en terre nord américaine, je me suis arrêtée sur la planète fitness. Lassée de voir ses pubs à la télé, je me suis finalement convaincue que c'était une bonne destination de vacances. J'avais juste oublié que le fitness est comme une arnaque en time share...

Et pour cause... Entrer dans ce monde, c'est un peu comme de pousser la porte d'une pâtisserie quand on est gourmand. Tout semble tentant mais on ne connaît pas forcément les conséquences de notre boulimie de sport.

Hold on petit scarabée, je ne suis pas en train de dire que le sport n'est pas une bonne chose... Pas du tout, ce que j'essaie juste d'expliquer c'est que le sport est un amant exigeant qui impose une discipline qui peut parfois devenir envahissante quand on n'a pas l'esprit tranquille.

En arrivant à Montréal, je me suis jetée à corps perdu dans des heures et des heures d'entraînement. Je me levais à 5h tous les matins pour m'entrainer, partir à l'Université, faire mes surveillances, suivre mes cours, passer à la bibliothèque, rentrer faire des recherches (ou des courses) et puis m'entraîner à nouveau. En quelques mois, j'avais perdu tout le poids que je voulais, j'étais même plus mince que je ne l'avais jamais été.

Et là, ça a été la panique. Je me suis mise à recevoir des compliments dans la rue de la part d'inconnus. On me demandait mon numéro de téléphone, j'étais devenue une fille qu'on voulait draguer…. L'horreur complète pour moi. Non seulement, j'avais bien autre chose à penser que de jouer les nounous pour un mec incapable de s'occuper de lui tout seul mais surtout, je refusais farouchement ce statut de chose… C'était un peu comme si je n'étais intéressante que parce que j'étais amincie. J'ai trouvé cette façon de faire répugnante, je me sentais sale et stupide…

Le résultat? Aussi sûrement que j'étais tombée dans le sport pour me changer l'esprit, j'ai tout arrêté du jour au lendemain parce que je n'arrivais plus à penser à autre chose qu'à cette manière d'être perçue par les hommes qui m'entouraient. Je suis restée cloîtrée chez moi le plus longtemps possible. Je sortais faire mes courses la nuit, j'ai pratiquement jeté aux orties mes bonnes résolutions pourtant acquises au prix d'un nombre d'heures de sueur et de larmes.

Au fond, je me sentais écartelée entre deux situations que je n'arrivais pas à maîtriser en même temps. Je n'arrivais pas à scinder mon cerveau en deux et à gérer ce qui apparaissait comme un tsunami (pour moi): j'étais en train de plaire uniquement parce que j'avais maigri. C'était insupportable! C'était bien plus que je ne pouvais en comprendre. J'ai préféré me concentrer sur mon doctorat... J'avais besoin de concret et pas de me lancer dans quelque chose qui ne pourrait être qu'une source de douleur et de souffrance (d'autant plus que je sentais déjà que je ne resterais surement pas après mon doctorat. Je ne voulais pas devoir choisir entre rester dans un endroit que je ne pouvais plus supporter et imposer un déménagement à quelqu'un qui n'a rien demandé).

Avec le recul, je ne sais pas si j'ai bien fait mais, cela m'a semblé être la seule réponse "acceptable". Les kilos sont revenus au moins aussi rapidement qu'ils étaient partis. J'avais remis ma carapace et j'étais à nouveau tranquille. J'étais redevenue transparente, plus personne ne me voyait, plus personne ne s'intéressait à moi. Je faisais , à nouveau, partie du décor dans un monde où si on n'est pas "comme les autres", on n'a pas voix au chapitre. Pour être tout à fait honnête, c'est un aspect que je n'ai pas encore vraiment réglé même aujourd'hui, même après toutes ces années.

Mon corps a changé, il a pris des courbes là où je n'en veux pas et il est ce qu'il est... Le reflet de mes peurs, de mes angoisses, de mes choix et la conséquence de mes décisions.... Ma tendance à le percevoir comme quelque chose de monstrueux et de répugnant revient parfois me hanter. Je passe, alors, des heures ou des jours, sans me regarder ou à traquer le moindre truc affreux chez moi... tout ce qui pourrait me conforter dans l'idée que je suis anormale... J'ai également conscience de mes tentatives pour fuir toute relation humaine... J'irais même jusqu'à dire que c'est beaucoup plus facile pour moi de ne pas m'engager, de ne pas faire cet effort là.

J'ai toujours été un fervent partisan du "mieux vaut être seule que mal accompagnée". Cela fait partie de mon côté entier et indépendant. Si j'ai raté ma chance, tant pis... Si j'ai mal compris ou mal fait les choses, j'en assume les conséquences mais il n'est pas question que je troque ma liberté juste pour entrer dans le moule (je ne suis pas si tarte). **Etre ronde m'a protégée, c'était ma carapace mais c'était également mon calvaire au quotidien.**

*« L'amour, c'est pour ceux oubliés des Dieux... qui l'ont mérité »*

*- Roméo & Juliette (R. Presgurvic)*

Etrangement, on "pardonne" assez facilement à une jeune femme d'être trop mince mais on lui pardonnera rarement d'être trop grosse. Cela véhicule à la fois un sentiment de malaise *"Et, si j'étais comme "ça"?"* mais aussi un sentiment de dégoût *"Franchement, elle pourrait faire un effort!"*.

Je me souviens d'une pause entre deux cours à l'époque où j'étais en droit. Ma copine était partie chercher un café et j'en ai profité pour grignoter une pomme en morceaux qui était dans mon sac. J'avais à peine toucher à ma pomme que j'ai entendu dans mon dos *"Eh, la grosse vache! T'es même pas foutu d'attendre midi pour bouffer?"*

Il y a une sorte de stéréotype autour du fait de ne pas être mince ou maigre. On est souvent considéré comme paresseux, lymphatiques, peu soigneux, incapables de faire des efforts sur la durée, peu motivés. C'est presque comme si notre apparence nous collait une étiquette de dilettante. Il y a cette idée bizarre que si une personne n'est pas mince, elle va être une mauvaise image de marque pour une entreprise, un vendeur de piètre qualité ou encore un président incapable de motiver les troupes à relever les nouveaux défis. Être rond(e) semble être synonyme de manque de crédibilité ou de manque d'engagement dans le travail. C'est, à la fois, un constat injuste mais surtout largement éloigné de la réalité.

Pire encore, les femmes rondes auront moins de promotions que leurs homologues minces et encore moins de promotions que les hommes. Hillary Clinton parlait de plafond de verre mais je pense qu'en matière de préconceptions liées à l'apparence, il y a encore pas mal d'idées reçues auxquelles il faudrait tordre le cou.

Si être gros c'est porter tous les défauts de la Terre, faudrait-il excuser une personne qui bat ses enfants? qui joue sans pouvoir s'arrêter? qui noie sa paie dans l'alcool ou les femmes? Est-on un Humain de moindre qualité quand on porte un pantalon taille 48? Devrait-on, à l'instar des conseils de quelques gourous de la mode, s'empêcher de porter ce qui nous fait plaisir pour éviter de choquer la majorité?

Apprendre à être à l'aise avec et dans son corps n'est pas une chose facile. Cela peut prendre des années et, parfois, c'est même un enseignement qui ne s'imprime pas dans le cerveau humain. A l'heure où je vous écris, je ne suis toujours pas complètement à l'aise. Certains jours, je sens la honte m'envahir et je me cache... D'autres jours, j'ai envie de tout envoyer en l'air (non, rien à voir avec Kyo) et de faire ce que je veux comme je veux. Je n'arrive pas à me voir plus mince que je ne le suis en ce moment... peut-être par habitude ou par peur. Je n'arrive pas non plus à imaginer être plus mince sans devoir, à nouveau, gérer cette dégoûtante et pour le moins répugnante pratique entre hommes et femmes.

Nous sommes bien plus que des morceaux de viande et, tout comme on ne devrait jamais juger un livre à sa couverture, on ne devrait jamais "juger" un homme ou une femme à son apparence. Les grands discours sur la tolérance semblent s'arrêter au milieu de la logique du prochain défilé de mode. C'est d'autant plus urgent que 27%  de la nouvelle génération (les ados, vos enfants) préféreraient renoncer à 10 ans de leur vie si on pouvait leur garantir d'être mince à vie selon Chalene Jonhson.

J'ai peut-être tous les défauts de la Terre selon vous, je ne peux et ne veux pas vous faire changer d'avis. Vous avez votre libre arbitre et vous pouvez exprimer votre opinion. Mais, ce n'est pas parce que certains me trouvent grosse, obèse et moche que j'ai l'obligation de l'accepter. Si j'étais vraiment désagréable ou cynique, je pourrais, d'un revers de main, vous rétorquer aussi crument que "j'ai un QI de 167, deux masters et un doctorat... que je parle au moins trois langues, que j'ai un titre de Lady et qu'il me suffit de choisir de maigrir pour changer... alors que la bêtise, c'est beaucoup plus compliqué à éradiquer."

Liberté, tolérance, acceptation, respect.... Je, vous, **nous sommes TOUS responsables de la manière dont nous traitons l'être humain dans son ensemble.** Petits, grands, gros, ronds, minces, athlétiques, verts, roses peu importe. Nous sommes égaux et chaque vie a son importance.

Etre ronde a aussi eu des conséquences étranges sur ma petite et dodue personne. Puisque je n'arrive pas forcément à être l'aise avec mon corps, comment est ce que je pouvais être à l'aise avec l'idée d'être une fille? On voit ça dans le prochain chapitre.

## Les Clés à Retenir

☑ Votre apparence n'appartient qu'à vous. Ne vous justifiez pas!

☑ Vous ne pourrez jamais faire plaisir à toute le monde.

☑ Fuyez les relations toxiques

☑ Faites la différence entre les critiques constructives et les entreprises de destruction massive.

☑ Vos perceptions ne sont pas toujours le reflet de la réalité.

☑ Etre célibataire ou ronde ou n'importe quoi d'autre ne fait pas de vous un humain de seconde catégorie.

☑ Ce qui est un défaut ici peut être un avantage ailleurs: tout est relatif!

-Listez TOUT ce que vous aimez à propos de vous (oui, avoir de beaux yeux & cuisiner un boeuf mironton, ça fait deux qualités)

- Lorsque vous aurez un coup de mou, revenez lire la liste et appréciez TOUT ce qui fait de vous un être entier et unique.

A vous

# Chapitre 5: Tu ne comprends RIEN, tu n'es pas une vraie fille[3]

Je venais de passer pratiquement deux heures dans le train. Ma meilleure amie était en train de m'attendre au café de la gare. (Merci à celui qui a eu la bonne idée de mettre des cafés dans chaque gare, c'est un bonheur quand on poireaute entre deux correspondances... Dijon, si tu nous regardes!) Bref...

Mon amie arrive et on commence à papoter, elle semblait radieuse et ravie de me parler de son copain. J'avais beau faire de mon mieux pour que la conversation reste sur elle, je n'y ai pas coupé. Le "trop" fameux
*"-Et toi, alors? Toujours célibataire?"* venait de tomber.

Mi-couperet, mi-sentence de l'inquisition ou signe de profond désespoir, la question était là... posée.... Elle me regardait avec ses petits yeux tristes de question qui n'a rien demandé à faire là en espérant que j'aurais la gentillesse de faire quelque chose d'elle. Allez, zou, c'est reparti pour un tour.

*"Oui et c'est surement très bien comme ça. C'est surtout beaucoup plus simple".*

---

[3] Je dédie ce chapitre à Priscille en espérant qu'elle s'y reconnaitra

Devant la mine déconfite de ma copine, je me sentais presque obligée de préciser que c'était choisi, que ce n'était pas grave et que... Eh bien, je n'avais pas le temps de finir que le chapelet de "bonnes excuses" est tombé aussi sûrement que les criquets devaient s'abattre sur l'Egypte dans les sept plaies susnommées.

*"-Non, mais tu ne te rends pas compte... A ton âge... Tu as passé l'époque où tu pouvais faire la fine bouche, il faudrait que tu révises tes critères.. Tiens d'ailleurs, je suis sûre que tu cherches la perle rare?"*

Quand je lui ai répondu que je ne connaissais pas une femme qui cherchait un crétin comme copain... ça l'a secouée un peu. J'en ai profité pour ajouter:
*"-Tu as raison, je cherche l'inaccessible, un homme avec un cerveau, qui s'en sert et qui n'aura pas peur de moi parce que je suis indépendante et capable de me débrouiller sans lui même pour changer une roue."*

Au moins, je venais de lui clouer le bec pour quelques minutes, ce qui, en soi, était déjà une petite victoire. Yes! (<—— vous l'entendez la joie non dissimulée? Vous devriez!)

Sauf que la copine est coriace et qu'elle a de la répartie. La voila lancée sur le thème du "on n'attrape pas les hommes avec du vinaigre" sous entendu pas très subtil incluant "tu pourrais peut-être sourire plus ou mettre plus souvent des robes.

« - Ah, non, je sais, il faut que tu maigrisses et que tu deviennes blonde et que tu ailles chez l'esthéticienne au moins une fois par semaine pour te faire masser".

"- Et me transformer en moule pas fraîche...? C'est prévu aussi??" C'est sorti un peu vite et un peu cash mais devant une telle déferlante de poncifs cucul la praline, j'ai utilisé la grosse Bertha (à qui on ne reproche pas d'être grosse..) pour éradiquer un nano moustique.

Ceci dit, la joute verbale a eu le mérite de me faire penser à un aspect que j'ai mis un temps fou à circonscrire. Je n'ai jamais eu l'impression d'être une "vraie fille".

## Section 1: Mais, c'est quoi être une "vraie fille"?

On en reparlera plus en détails dans le chapitre 6 avec la théorie du crapaud et de la princesse. Mais, en attendant, être une "vraie fille" c'est un peu comme d'avoir hérité de toute la panoplie de LA Poupée Gnagnasse à la naissance (vous savez celle qui est grande, blonde et qui sort avec un concurrent non militaire d'un mannequin des années 80).

Les décennies passant, j'ai fini par dresser une liste totalement subjective, incomplète, imparfaite et parti pris de ce que ce serait que d'être une "vraie fille". **Attention, on se lance dans un inventaire à la Prévert.** Vous êtes prêt? Alors go:

- elle aime prendre soin de ses cheveux
- elle se recoiffe toutes les 3 secondes
- elle se regarde dans les glaces, les miroirs, les devantures et son téléphone toutes les 20 secondes
- elle se la joue faussement négligée alors que son look lui a mis 5 heures pour avoir l'air de sortir du lit
- elle connaît toutes les tendances maquillages, fringues, chaussures...
- elle est trop in... et elle snobe ceux qui sont trop out...

- elle prend un accent british ou parle en franglais pour faire "style" (vous l'entendez l'accent?)
- elle a toujours du goût quand c'est elle qui lance une mode et elle trouve toujours ridicule ceux qui auraient eu la même idée qu'elle
- elle aimerait être pionnière, elle se la joue plutôt mouton
- elle préfère lire les ragots que les Rougon (Macquart)
- elle picore une demie feuille de salade et se jette sur la glace au chocolat de son mec
- elle fume (c'est tendance)
- elle vapote (c'est tendance)
- elle arrête de fumer et de vapoter (c'est tendance)
- elle mange vegan, bio, paleo, sans gluten (au gré des ... tendances.. trop top d'être no gluglu, yeurk)
- elle connaît le thème astral de la dernière starlette qui fait semblant de chanter à la télé
- elle snobe les bibliothèques (trop silencieux)
- elle sait combien de couches culottes le dernier né de Kim K utilise par jour et quelle est la marque des dites couches.
- elle a souvent un avis sur tout...sauf quand on lui pose une question de fond
- elle n'imagine pas de ne pas faire les soldes chaque année
- elle chérit sa carte VIP super plus ultra gold comme "son précieux"
- elle aime partir en week end en Normandie (c'est romantique) ou en Italie (c'est festif)

- elle aime voyager loin et dans le luxe

- elle se fait les ongles tous les deux jours

- elle se fait masser au moins une fois par semaine sinon ses néo-cellules ne pourront pas être correctement réalignées dans le sens des petits pois

- elle a un chien comme accessoire de mode

- elle porte des lunettes parce que ça fait chic (surtout si elles sont super brillantes)

- elle rêve des Anges et de la cité qui va avec

- elle vit au présent instantané et panique de parler au futur

- elle rêve de monter sur scène mais oublie les efforts qu'il faut pour y arriver

- elle pense que le monde l'attend pour célébrer le simple fait qu'elle existe

- elle pense que les hommes sont des jouets qu'on peut utiliser et mener à la baguette (étrangement, cela semble être une vérité mais on y revient plus tard dans la section)

- elle entre dans le moule et ne se rend pas compte qu'elle risque de devenir tarte

- elle a son style (le même que toutes les autres "vraies filles")

- elle préfère sa personne

- elle a son système de valeurs et elle y tient (on aurait du mal de lui reprocher celui-là)

- elle ne comprend pas qu'on ne rêve pas d'être comme elle

- elle veut une jolie maison mais sans y faire le ménage

- elle aime les belles voitures surtout avec chauffeur

- elle rêve de prendre l'avion (le sien...)

- elle envisage le monde comme un parc d'attraction où personne n'est obligé de grandir

- elle vit dans sa bulle et à son rythme (pas trop vite et surtout plein de miracles du matin, re-yeurk)

- elle aime les compliments

- elle se la joue féministe mais pas trop

- elle est engagée mais pas trop non plus

- elle aime aménager son intérieur surtout si c'est un autre qui le fait à sa place

- elle est créative donc elle ne peut pas tout faire


On va s'arrêter là... C'est déjà un sacré portrait. Je tiens à préciser, à nouveau, que c'est une caricature donc forcément très exagérée et très stéréotypée. Je ne cherche à cibler ou à décrire personne en particulier.


En résumé, **une vraie fille c'est moi mais en NÉGATIF...** Un peu comme dans une photo, il y a la matrice, le négatif chez qui tout semble inversé et le positif issu du tirage tout beau, tout lisse, tout propre et bien organisé. C'est grave docteur?


A force de me triturer le neurone, j'en suis arrivée à l'idée que c'était finalement, juste, une question de style. Passons donc le mien en revue pour voir ce qui pourrait bien effrayer ces petites choses fragiles (autrement appelées hommes).

## Non, mais tu portes des talons?

Euh… oui! Je ne savais pas qu'une loi était passée et interdisait à toutes les personnes de plus d'un mètre de porter des talons hauts. Alors, oui, je fais toujours 1m75 et oui, j'adore porter des talons de 10 cm.

C'est d'ailleurs souvent rigolo parce que si on fait l'addition (ma hauteur de base + celle des talons), j'arrive à un petit 1m85 qui me fait dominer la quasi totalité de l'assemblée. J'en ris souvent et je me marre à chaque fois. Il y a un côté "impressionnant" à voir une femme si grande tutoyer le haut du panier et ne pas se la jouer petite chose discrète qui s'envole d'un coup de vent.

Parfois, la surprise confine à la bêtise et j'entends les chuchotements dans mon dos… Les remarques sur le côté incongru de la situation. Etrangement, ce genre de niaiseries vient de personnes qui sont toutes petites (et ça n'a rien à voir avec leur taille en centimètres). A force d'être étriqués dans leurs pensées, ils en oublient que c'est dans la différence qu'on grandit. Je vous avoue que je suis assez ironique dans ces cas-là. Je prends un malin plaisir à me retourner et à les prendre de haut pour leur rappeler que leur bassesse n'est vraiment pas digne de leur humanité.

## Queeeoiii, tu es tatouée?

(souvent accompagné d'un air effaré et proche de l'inanition)
Alors, en un seul mot OUI et j'en suis sacrément fière en plus. Ce tatouage, c'est bien plus que de l'encre et une aiguille, c'est le fait d'avoir survécu à ma thèse. **C'est le symbole indélébile que j'ai survécu à des années de terreur, de larmes, de douleur, de honte, de culpabilité, de rage, de colère, de frustration.**

Me faire tatouer reste l'un des meilleurs choix de ma vie. Pour la première fois en 5 ans de Doctorat, je reprenais le contrôle sur ce que je voulais faire, dire et penser. Je sortais de l'ombre pour entrer à nouveau dans la lumière. J'ai vécu ses années comme si j'avais été jetée en pâture à des loups, **j'ai pris des coups et j'ai des cicatrices mais je suis revenue... vivante, forte, indépendante et à la tête de la meute.**

Que ça fasse mauvais genre ou que ce soit une "erreur" de parcours me passe complètement au dessus de la tête. Cette séance de tatouage a été juste...irréelle. Mon tatoueur a fait les beaux arts. Il s'est avéré qu'on était à Montréal au même moment sans se connaître. On s'est apparemment croisés dans un salon mais aucun souvenir.

Je me suis fait tatouer le 23 juillet 2013. J'étais la dernière cliente de la journée. J'ai même pu choisir la musique de fond.. Il y avait du hard rock dans le salon et je ne me suis même pas rendue compte de ce qui se passait.... juste le rush d'endorphines, le plaisir de reprendre les rennes et de faire un pied de nez à ces années de souffrance.

## Tu pourrais quand même écouter de la "vraie" musique....

Ah bon, parce qu'une "vraie fille" ça écoute quoi? Louane et la lettre à Elise? Merci mais non merci... Je la joue garçon manqué sans un battement de cils. Exit les Jain, Adèle et autres pleureuses de salon de supermarché.... Amenez-moi de la batterie, de la basse, des guitares et du hard rock! Montez le son et lâchez-moi avec vos stéréotypes.

La musique est un refuge pour moi. Chaque chanson me rappelle des souvenirs, des moments, des larmes ou des sourires, des victoires et même de l'espoir. Un peu comme la madeleine de Proust, les premiers accords de certaines chansons me ramènent des années en arrière dans un autre espace temps.

Comme ma mère, j'ai chanté durant longtemps et même si je n'arrive pas à chanter l'Air de la Nuit (Mozart, La Flûte Enchantée), je prends encore beaucoup de plaisir à reprendre les airs qui me plaisent le plus.

La musique prend aussi de la place dans mon quotidien, en particulier, lorsque je dois faire face à des situations embarrassantes ou quand j'ai besoin d'une dose supplémentaire de motivation. Ca surprend toujours mon entourage quand j'explique que j'ai écrit ma thèse en écoutant la même playlist de hard rock tous les jours durant neuf mois (sans me lasser). Quand je ne trouve pas le sommeil, j'en écoute et je m'endors encore comme un bébé. C'est plus efficace que les moutons... passablement plus écolo aussi.

Chacun est libre d'écouter ce qu'il veut mais, pitié, arrêtez de me convaincre que vous détenez la clé de sol universelle du savoir suprême du bon goût musical. Ce n'est parce que j'ai des goûts différents des vôtres que vous devez vous égosiller à me convaincre que j'ai forcément tort et vous, forcément, raison.

## Tu fais de la danse classique ou du cheval?

Et d'une le genre poney-piscine, ce n'est vraiment pas pour moi et de deux, où est ce qu'on est allé pêcher qu'une fille devait faire de la danse classique ou de la GRS??

Alors, grand scoop... je fais de la boxe thaï, du body combat, de la course à pied et quand j'ai besoin d'étirer mes muscles, je pratique le Piyo. N'essayez pas non plus de me convertir au yoga, je vous promets que vous vous rendrez vite compte que je suis Lion et que je peux sortir les griffes. Le yoga m'énerve aussi surement qu'il me rend agressive et j'ai envie de passer le prof par la fenêtre du rez-de-chaussée à chaque fois que j'essaie. Rien que d'entendre « inhale in the count of four... exhale in the count of eight », j'ai une poussée de tension.

Cerise sur le cupcake sans gluten, je rêve d'apprendre le burlesque et d'avoir une barre de pole dance chez moi... Mauvais genre? Oui ou pas... et alors? Est ce que je pose un jugement sur le genre de yoga que vous faites ou sur la tenue que vous portez pour aller faire du crossfit? Non...

Les conseilleurs sont rarement les payeurs et, avec les années, force est de constater que, plus on accorde de valeur aux bruits de fond de l'entourage, plus on risque de s'engluer dans un truc un peu pâteux à défaut de devenir aussi pataud.

J'accepte très bien que vous ne partagiez pas mon point de vue. Il est tout à fait possible que je ne partage pas le vôtre sur certains domaines et pourtant, on peut vivre ensemble. On peut parler, communiquer, être fier de soi sans chercher à plaire à tout prix. La photocopie a déjà été inventée… L'humanité n'a pas besoin de centaines de milliers de copies de la même personnalité.

Par contre, c'est tout à votre honneur de vous lever et de vous tenir debout pour défendre vos idées et vos convictions dans le respect de l'autre et de sa différence. Vous n'avez pas besoin de devenir la nouvelle Rosa Parks ou d'être Maya Angelou pour changer le monde. Comme l'effet papillon, votre "petit" changement à votre échelle peut déclencher la plus belle des révolutions. **Ne sous estimez jamais la parole et les convictions que vous portez.** Soyez en fier, quoi qu'il arrive.

# Section 2: T'es lesbienne avoue...

En parlant de valeurs... J'ai encore en tête la conversation embarrassée d'une collègue qui organisait un pot à l'Université. Elle m'a prise à part pour me glisser un mot en toute discrétion.

*"- Tu sais, Ophélie, tu peux venir accompagnée à cette soirée.*

*- Merci, c'est gentil mais je pense venir seule.*

*- Non, non.. c'est pas ce que je voulais dire... Voilà, tu peux venir avec ta copine. On se doute bien que tu es lesbienne. On ne te voit jamais avec un homme. C'est pas un problème, tu sais. On est très tolérant.*

*- Euh... oui... alors.. euh mais non... "*

Je me souviens avoir quitté son bureau en riant et puis, j'ai pris conscience du triste de l'affaire.

Durant mes études, j'ai choisi de faire passer la construction de ma carrière en premier. Je ne l'ai jamais cachée et j'ai toujours été extrêmement claire (peut-être même un peu trop). Je sais que j'ai fait du mal à au moins une personne et j'aimerais à nouveau lui présenter mes excuses. Je ne sais pas s'il lira un jour ce livre mais je suis désolée de ne pas avoir compris plus tôt.

Dans mon esprit, je n'ai jamais eu besoin d'un homme pour exister et pour fonctionner. Si j'avais attendu qu'un homme vienne me sauver de mon donjon, j'y serais encore.

Alors, oui, j'ai appris à poser du parquet, à poser du papier peint, à tirer des câbles électriques, à utiliser une tronçonneuse et à fendre du bois à la hache. C'était ça ou ni ma mère ni moi nous n'aurions eu de chauffage... Nous aurions vécu dans le noir et dans des appartements vétustes. A tous les sceptiques qui se demandent pourquoi je n'ai pas demandé d'aide... je vous invite très humblement à relire les chapitres un et deux.

Et à ceux qui trouvent que ça m'a fait perdre toute féminité, je répondrai que, très tôt dans la vie, ma priorité n'a pas été de jouer les petites choses fragiles dans mon coin mais d'assumer des situations que je ne souhaite pas à mon pire ennemi.

Probablement qu'en conséquence ma perception du rapport hommes-femmes n'est pas vraiment branchée sur les mêmes réseaux que les vôtres. Je ne comprends pas l'idée d'avoir BESOIN d'un homme. C'est un peu comme si la femme (ou l'homme) était incomplet avant de tomber sur une supposée moitié... et là, paf, le gros joufflu débarque avec son arc et ses flèches... (pour ceux qui ne l'ont pas reconnu, je parle de Cupidon).

On se retrouve ensuite avec une belle aberration mathématique où 1+1 = 1 et si le couple finit par s'agrandir d'une petite tête pas forcément blonde, on a 2+1= 1. Avis à tous les professeurs de maths, j'ai raté un truc dans les nombres complexes imaginaires de Descartes (1637).

Si c'est ça être heureuse... Si ça passe par une espèce d'état de dépendance active à un autre morceau d'être humain. honnêtement... **je préfère de loin être entière seule... que d'être une demie portion à deux.**

Les êtres humains qui ne savent pas se prendre en charge seuls me lèvent le coeur... les pleureurs, les geignards m'agacent. Ceux qui se contentent de peu et qui rêvent d'une petite vie sans essayer de faire toujours mieux me donnent la nausée. Ceux qui pensent que les femmes sont des porte manteaux et qu'ils peuvent en changer une fois arrivés à la quarantaine pour un modèle plus jeune me font vomir. Ceux qui ont besoin d'un faire valoir ou d'une potiche pour bien présenter en soirée feraient mieux de courir vite...

Je ne cherche pas un homme qui rêve de conquérir le monde ou de réinventer la fusion à froid voire le vaccin pour la grippe code postal... Non, je rêve d'un homme avec des valeurs, qui ne me perçoit pas comme une menace pour sa virilité ou son emploi, qui n'a pas honte que je sois moi-même, qui sait m'encourager à dépasser mes limites et qui a aussi le courage de me dire que je suis en train d'exagérer.

Ni super héros, ni homme de l'ombre... juste un homme avec un cerveau, un coeur et la capacité à entrer dans la bulle de l'introvertie que je suis sans craindre que je sois parfois mal assurée ou apeurée.

Ne me faites pas le coup de la fille blasée qui ne veut pas admettre qu'elle a tout raté... Si c'est le cas, j'assumerai et vous ne me verrez pas en train de me plaindre. J'ose encore croire qu'être indépendante n'est pas encore complètement incompatible avec le fait de trouver quelqu'un avec qui on peut construire ENSEMBLE un futur qui est plus beau à deux que si on l'avait construit chacun de notre côté.

Et les enfants me direz vous?

Effectivement, je n'en ai pas. Je ne sais pas si j'en aurai. Je ne suis même pas certaine que je pourrais être une mère acceptable. Peut-être que c'est une question qui n'a pas encore trouvé sa réponse. Une chose est sûre, rien ne dure dans la vie... Tout ce qui existe maintenant peut s'écrouler demain et si jamais, je suis un jour mère, j'en profiterai pour écrire un nouveau livre... Cachez votre joie... lol

Quelque part, j'admire ces femmes qui ont le courage de mettre un enfant au monde. Elles ont les ressources suffisantes pour transmettre de l'amour, de l'espoir, du courage, de la motivation à un être qui n'a rien demandé à personne. Elles partagent leur temps et leur énergie pour faire d'un petit humain... un humain capable d'affronter une réalité et un avenir qui n'est pas nécessairement tout rose. L'incertitude et l'impermanence des sentiments me font toujours craindre que ce qui est un moment de joie (la naissance) se termine en tragédie (avec l'abandon d'un père qui se moque des conséquences). Quand je vous disais que je n'avais pas tout digéré...

Il n'en reste pas moins qu'en terme de choix de vie, l'une des seules leçons à retenir c'est qu'on ne peut jamais plaire à tout le monde. **Ne cherchez pas à imiter qui que ce soit pour avoir l'illusion d'être acceptée.** Vous vous duperez un temps et vous vous réveillerez un jour en vous demandant qui vous êtes vraiment. J'ai joué les caméléons, je suis passée par là avant vous... Ca ne sert à rien de refaire un nouveau casting. Suivez votre voie, suivez vos envies, vos passions, cette petite voix un peu timide qui vous souffle que vous pouvez y arriver et qui croit en vous.

Je ne suis pas une "vraie fille" et c'est ma plus belle victoire parce que je suis #AbsolumentMoi. Maintenant, il reste encore un point à éclaircir... et quel point... Suis-je une Princesse? Rendez vous dans le prochain chapitre pour le savoir.

## Les Clés à retenir:

- ☑ Votre style et vos choix n'appartiennent qu'à vous.
- ☑ Vous n'avez pas à vous confondre avec vos "amis" pour avoir une place dans l'Humanité.
- ☑ Vos choix ont des conséquences dans le présent mais aussi dans le futur.
- ☑ Suivez votre intuition et n'ayez jamais peur de tenter quelque chose de nouveau.

-Listez toutes les critiques que vous avez entendues vous concernant et griffonnez-les violemment!

- Elles représentent les étiquettes qu'on vous a attribuées sans vous demander votre avis.

- Elles ne reflètent pas QUI vous êtes. (Euh... prenez plutôt une feuille à part, vous éviterez d'abimer votre livre)

# Chapitre 6: F*** off the princess style



Il était une fois une presque doctorante qui était en train de finir sa thèse et qui devait en même temps faire ses cartons, vendre ses meubles et stocker durant quelques mois ses affaires avant de rentrer en France. Cette presque doctorante avait des "amis" qui auraient pu l'aider. Elle pensait que charier une petite dizaine de cartons prendrait quelques minutes à deux ou à trois. Elle avait même prévu de remercier ses amis en les invitant à dîner... Après tout, ces mêmes amis avaient récemment proposé spontanément de venir en aide à une "vraie fille" qui déménageait beaucoup de stock dans des conditions pas faciles. Alors, quelques pauvres cartons bien ficelés et pas si lourds n'allaient pas poser de soucis. Mais notre héroïne était bien naïve. Elle allait se rendre compte que de ne pas être une "vraie fille" impliquait, aussi, que ses "amis" trouvent des excuses pour ne pas venir l'aider.

*"- Je suis désolé, je n'ai pas compris que tu avais besoin de mon aide quand tu m'as demandé de t'aider à porter tes cartons pour les mettre à la cave..."*

*"- Attends, tu comprends pas... Caroline avait une urgence, elle devait changer une ampoule dans son salon et il FALLAIT que je l'aide. C'était pas supportable pour elle."* tels sont les quelques remarques qu'on a faites à notre héroïne... Comique, non?

La presque doctorante a tourné les talons et leur a fredonné la chanson de Bénabar: *"Tu peux compter sur moi...."* Si vous ne connaissez pas les paroles de cet opus ironique, foncez l'acheter sur Itunes ou sur une plateforme de téléchargement légal.

Oui, on me reproche souvent de ne pas demander d'aide... Et quand j'en demande pour une tâche un peu barbare (j'en conviens), on me renvoie dans mes 22 en me faisant remarquer que je n'ai pas été assez claire. Qu'est ce qui n'est pas clair dans *"J'aurais besoin de ton aide pour porter quelques cartons dans la cave de mon immeuble pour les stocker."*

Ah oui... je sais... Je ne suis pas dans le style Princesse! Mais au fait, qu'est ce que c'est le style Princesse?

Apparemment, la Princesse est un peu la jumelle maléfique de la "vraie fille". C'est une (jeune) femme, une ado, voire une petite fille qui pense qu'elle a plus ou moins tous les droits parce qu'elle est la "Princesse à son papa". En tant que telle, la Princesse revendique tout et surtout n'importe quoi… sans compter les caprices et les crises de nerfs. Souvent fatigante, elle peut être aussi jalouse, prétentieuse, égocentrique et narcissique.

La Princesse commande et les valets exécutent les ordres. Elle est souvent plus préoccupée par sa manucure que par sa conscience. La Princesse veut le meilleur sans avoir à lever le petit doigt. Plus c'est brillant, cher et inutile, plus il est nécessaire qu'elle se sente libérée, délivrée… On avait les enfants rois, on a maintenant une génération de princesses qui a le mérite de rassurer les hommes puisqu'elles ne font rien seules… les hommes sont confortés dans leurs rôles de faire-valoir, de chevaliers blancs (sans le cheval).

Bizarrement, la Princesse a l'impression de faire avancer la cause féminine parce qu'elle pense qu'elle a réussi à faire exploser le plafond de verre des différences sociales. En réalité, elle est tout ce qui pourrait donner la nausée à une femme qui s'est battue pour le droit de vote.

Manquant de subtilité, la Princesse ne se rêve qu'en rose... C'est peut-être pour se souvenir qu'elle est une fille...ou pour encore plus marquer les différences avec les petits garçons (qu'on affuble de bleu). Elle en met partout... sacs à main, bijoux, maquillage, paillettes... habits, chaussures.

Fuyant la réalité, elle se réfugie dans une sorte de monde parallèle où les nounours côtoient les fées et les gnomes... Sorte de syndrome de Peter Pan au féminin, la Princesse ne veut pas grandir... Elle agit comme si elle avait toujours 3 ans et rêve que son ami imaginaire va venir prendre le thé avec la Dame de Coeur. Histoire d'en rajouter une couche, la Princesse achète de la poudre des fées, des baguettes de perlimpinpin et elle peut même trouver des gélules "magiques" sur internet qui ajoute des paillettes à la digestion.

Sérieusement?? Eh oui... La Princesse se voit éternelle petite chose à préserver... de l'affreuse réalité du genre humain. C'est vrai que ce n'est pas franchement marrant tous les jours, mais quand j'entends des parents gagater en parlant à leur fille: *"Mais, c'est qui la Princesse à son papounet... Mais c'est qui la plus belle des Princesses....".* Je fonce dans la pharmacie la plus proche pour chercher un médicament contre la nausée (autrement appelé antiémétique).

Les plus accrocs au phénomène me diront que je manque de fantaisie ou que je ne sais pas saisir l'essence de la liberté ou de la joie de ce moment de digression. Oui, c'est sûrement le cas.

Cela dit, je suis épatée de voir que toute cette génération de Princesses autoproclamées se retrouvent seules, démunies et incapables de gérer les coups durs de la vie quand ils se présentent... parce que, malheureusement, ils se présenteront forcément. Elles s'effondrent parce que leur copain vient de partir, se plaignent d'avoir un travail peu gratifiant alors qu'elles ont choisi de ne pas poursuivre leurs études.

Comble du ridicule, elles se tournent alors vers les "pauvres truffes" comme moi qui tiennent le choc tout le temps... pour pleurer dans leur jeans extra flare et chouiner sur la difficulté du moment qu'elle est en train de traverser.

Je ne sais pas où va notre génération X , qu'on considère souvent comme sacrifiée, mais la génération des enfants du millénaires est loin d'être la génération la plus épanouie que je connaisse.

Mettez une jeune femme de 20 ans face à un téléphone à touches et vous verrez le résultat... Essayez aussi avec une machine à écrire ou un magnétoscope et son visage se décomposera rapidement. Les enfants du millénaire ont grandi avec internet. Ils ont accès à des ressources techniques et scientifiques beaucoup plus facilement que n'importe qui...

Ils ont une quantité d'informations et de savoir au bout de leurs doigts et qu'en font ils? Ils se ruent sur les jeux de plateformes, idolâtrent la télé réalité, rêvent de devenir Kim K ou pensent qu'il suffit d'une vidéo trash sur la dernière chaine à la mode pour réussir sa vie.

Au final, cette génération ne sait plus rien faire seule. Perpétuellement assistés, ces enfants estiment que tout doit leur être servi sur un plateau parce que c'est "normal".

Histoire de boucler la boucle, j'en suis arrivée à l'idée que s'il y a une Princesse, il faut un Prince. J'ai donc développé une théorie rigolote appelée "la théorie du Crapaud"

## Section 1: Quand le crapaud prend du plomb dans l'aile...

Amis crapauds, grenouilles et autres batraciens bienvenue! Cette section vous est entièrement dédiée. Je connais votre détresse et votre peur. Je vous comprends.

A la base la théorie du crapaud supporte l'idée que chaque pot a son couvercle. **Le problème étant de trouver qui est le bon pot pour le bon couvercle (ou la même chose dans l'autre sens).** Elle affirme également qu'il faut souvent plusieurs "essais" avant d'arriver à trouver la bonne compatibilité entre un pot et son couvercle.

Sauf qu'avec les années, cette théorie a pris du plomb dans l'aile (Essayez de trouver une aile à un crapaud, ce n'est pas si facile). Peut-être que je suis devenue moins tolérante sur les errements des uns et des autres ou peut-être que c'est mon "grand âge" qui me rend cynique. Dans les deux cas, je suis fatiguée d'observer la manière dont les hommes et les femmes se comportent l'un avec l'autre.

## La jalousie comme ciment du couple...

Le fameux monstre aux yeux verts s'invite dans une danse malsaine et instille dans le cerveau de chacun que:

- c'est normal que la femme soit jalouse, c'est une marque d'amour
- c'est chouette pour un homme d'avoir une femme jalouse, en plus d'être une marque d'amour, c'est un bon sujet à partager avec ses potes.

Aussi tordu que ça paraisse, l'absence de jalousie est perçue comme une tare. Imaginez le drame: une femme qui n'est pas jalouse, c'est suspect... y compris pour le meilleur ami du cher et tendre.

On va soupçonner que la femme est avec lui juste pour son statut social ou son argent... Pire, on va imaginer qu'il n'est pas "vraiment" en couple au motif stupide "qu'une femme qui n'est pas jalouse, ça n'existe pas!".

J'entends encore mon meilleur ami (celui qui est venu vivre avec moi quelques semaines) me dire que je finirais forcément seule dans la vie parce que je refusais d'être "une vraie fille".

Je refuse de fouiller dans un téléphone, de fliquer un emploi du temps, de questionner sur tout ce qu'il a fait dans sa journée... et j'en passe. Le corollaire de tout ce cérémonial étrange, c'est que l'homme a, donc, le grand privilège de pouvoir se plaindre à ses potes d'avoir une femme insupportable à l'appartement (ou à la maison). Là, on est dans un schéma rassurant, habituel, classique, confortable.

## Vous avez mal à la tête? Moi aussi...

Dans le même genre, je me souviens d'une conversation avec un de mes ex qui m'expliquait avec la plus grande patience d'ailleurs comme il FALLAIT faire pour tester l'attachement d'une personne envers nous. Je me suis retrouvée à prendre des notes tellement le sujet me semblait crucial. J'allais enfin percer le secret des couples qui durent.... parce qu'apparemment, les sentiments et l'attachement n'avaient rien à voir dans l'équation. (Encore les maths... décidément, j'aurais dû prendre des cours de rattrapage. J'étais très bonne en physique mais les maths..)

Dont acte, je m'installe toute ouïe et j'écoute religieusement le cours magistral qu'il me fait. Durant une bonne heure, il m'explique avec force détails comment vérifier la sincérité des sentiments de l'autre en lui tendant toute une litanie de petits pièges vicieux... en le poussant dans ses retranchements, en lui offrant des alternatives dignes de la peste et du choléra...

Bref, lui faire passer une sorte de crash test pour voir jusqu'où ça tient. Depuis cette conversation, je n'ai plus jamais bu de jus d'orange sans avoir un pincement au coeur.

Je suis vraisemblablement un brin stupide de croire que les hommes et les femmes peuvent vivre ensemble, s'aider, se soutenir pour devenir meilleurs ensemble. Cette idée de petits jeux de domination où l'un doit montrer sa jalousie pour avoir le droit d'être vu comme un amoureux éperdu m'a fait renoncé à la théorie du crapaud. Le crapaud qui pouvait éventuellement devenir un "Prince" ferait mieux de rester un crapaud si les seules "Princesses" qui se présentent devant son cheval ont grandi avec des paillettes de fées dans leurs biberons rose bonbon.

**Amis crapauds, levez vous et coassez en coeur!** Ne laissez pas les Princesses faire des vous des pions dans leurs jeux de petits chevaux! Sauvons les crapauds! Soyez fiers d'être des crapauds!

Blague à part, cette évolution dans les conflits et les amours des Hommes m'a donné le tournis. Plus important encore, ce constat plutôt pessimiste m'a permis de faire le tri dans ce qui était mes valeurs et mes priorités dans la vie. Mais ça c'est dans la prochaine section!

# Section 2: Ce qui compte vraiment dans une vie...

Je crois que ce qui me pose le plus de problème avec cette histoire de Princesse, c'est le manque de profondeur et la trop grande superficialité de ce comportement. C'est, peut-être, un défaut qui m'est propre ou un trait de personnalité que je ne partage qu'avec les introvertis mais il n'en reste pas moins que cet apparent détachement pour tout ce qui est "sérieux" me laisse perplexe.

Evidemment, il est très confortable de se reposer sur un tiers pour faire tout ce qu'on n'aime pas faire...pour assumer les conséquences d'actes qui nous appartiennent ou pour voler à notre secours dès qu'on s'est cassé un ongle. Après tout, n'est ce pas ce qu'on demande à des parents envers leurs enfants?

Ah non... pardon, là on parle d'adultes qui préfèrent voir la vie comme un grand parc d'attraction où quelques "gentils idiots" seront toujours là pour leur venir en aide, pour trouver une solution, pour résoudre un problème. Vous verrez alors la jolie Princesse redevenir joyeuse et repartir voler de fleurs en fleurs à la recherche d'un autre gentil idiot pour l'aider au prochain coup dur.

Un peu comme un phare ou un roc dans la tempête, la jolie Princesse voit, repère et cible exactement celui qui peut la sauver de la grande tragédie dans laquelle elle vient de se mettre. Jouant la grande scène du 2 ou jouant sur la corde de la culpabilité, elle laisse au gentil idiot le soin de la sortir de là, ce qui lui permet de ne garder que le meilleur de la vie: la joie, la fête, le bonheur, la magie, l'irréel, l'alignement des planètes avec les cerisiers du Japon et que sais-je encore.

Sauf que la vie n'est pas un long fleuve tranquille sur lequel on croise des nounours en guimauve et des bonhommes en pain d'épices au détour d'une cascade de chocolat chaud et d'une prairie de barbe à papa.... La vie est rarement juste. Elle distribue des cartes qui ne sont pas toujours faciles à comprendre et qui demandent parfois des années de pratique avant de pouvoir être utilisées. La vie donne des coups et reprend des êtres trop tôt, elle est injuste et ne se rend pas compte du mérite de ceux qui devraient être mis à l'honneur.

Elle porte aux nues des inconnus devenus célèbres au gré de télé réalité qui n'ont de réelle que leur nom. Elle encense des pseudo starlettes dont le seul talent est d'avoir une plastique parfaite et une intelligence qui n'est ni théorique ni émotionnelle. Elle déroule le tapis rouge aux repentis. Elle adule les escrocs, se compromet avec des médias aux sources douteuses... Elle présente comme normal des comportements dangereux. Elle encourage l'unicité comme un synonyme de l'intolérance. Elle se parjure en reprenant ce qu'elle a donné et elle ne tient pas toujours sa parole. Elle est aussi féroce que les requins qui nagent en eaux troubles et elle se fait tendre pour mieux tromper et dissimuler.

Au milieu de tout ce maelström, on trouve des êtres humains qui, faute de se lever et de réclamer leurs voix, préfèrent attendre qu'on leur donne leurs bouchées quotidiennes de pseudo existence shootée à la poudre de fées (même pas verte). Fuir la réalité n'est ni une solution tenable, ni une solution souhaitable à long terme.

Je suis, vous êtes, nous sommes une combinaison UNIQUE de chromosomes! **Jamais dans l'univers, il n'y a déjà eu une combinaison comme la vôtre et plus jamais dans l'histoire de l'univers, il n'y aura la même combinaison.** C'est une chance extraordinaire qui nous est donnée! C'est pratiquement une obligation morale pour chacun d'entre nous de faire quelque chose de la chance que nous avons d'être vivant, ici et maintenant!

Mais cela demande **du courage, de la force, de la volonté, de la persévérance, de la motivation, de la détermination!** Etes-vous prêt à relever le défi ou allez-vous passer votre vie à vivre sous la perfusion d'angelots joufflus qui n'ont peut-être pas que vous à gérer dans leur To Do List?

Attention, je ne suis pas en train de dire que la spiritualité et les croyances sont à nier. Bien souvent, elles peuvent être la porte vers de nouvelles opportunités et elles sont un secours ou un repère dans la tempête. J'aimerais seulement attirer votre attention sur la tendance un peu étrange qui semble émerger et qui voudrait qu'en disant *"Univers, je veux gagner 47 milliards d'euros"*, on voit l'Univers sonner à notre porte le lendemain matin avec un gros chèque. L'idée est sympa mais elle manque de consistance.

D'une certaine manière, j'ai accepté le défi et aussi difficile que cela puisse être, j'ai pris en main mon destin et j'ai choisi ce que je voulais en faire. Je n'ai surement pas reçu les cartes les plus sympas ni les plus faciles. J'ai, vraisemblablement, raté pas mal d'indices dans ce grand jeu de piste mais j'ai, au moins, l'impression d'avoir toujours fait de mon mieux.

Alors, oui, mon mieux pourra paraître bien maigre pour certains ou bien superficiels pour d'autres. Cela dit, j'ai au moins eu le mérite d'avoir essayé de trouver ma propre manière d'expression, de contribuer à aider, d'apporter à ma manière une pierre à l'édifice.

Je ne pense pas qu'on puisse passer toute sa vie sans pouvoir se raccrocher à un certain nombre de valeurs. Elles définissent notre compas moral. Elles structurent notre personnalité et permettent également à ceux qui nous entourent de savoir comment se comporter avec nous (en théorie) ou de comprendre comment nous fonctionnons (en pratique).

La liste n'a pas besoin d'être longue ni même d'inclure des valeurs de droiture hors du temps mais elle nous permet aussi de déterminer quelles sont nos priorités dans la vie. Ces priorités peuvent changer au fil des années mais comme elles reposent toujours sur un socle commun, il suffit de réarranger quelques "blocs" pour faire apparaître une nouvelle image et continuer à avancer.

Au fond, ce dont il faut se souvenir c'est que: **tous les vernis finissent par craquer!** Si votre vie est fondée sur du sable, un jour ou un autre, comme les temples d'Angkor au Cambodge, vous finirez par vous écrouler. Une nouvelle couche d'apprêt n'y suffira pas et il y a de fortes chances pour que finissiez par ruminer vos regrets et vos remords.

Vous ne me croyez pas? Laissez moi vous expliquer comment repérer à coups sûrs quelqu'un qui est "adulte" vs quelqu'un qui est dans la phase Princesse/Peter Pan de sa vie.

Mettons de côté toutes le considérations de taille, de poids, d'apparence, de maquillage, de tenue... Bref, on se concentre uniquement sur ce que cette personne (homme ou femme) dit.

La Princesse ou le Peter Pan est rarement à l'aise avec des sujets dits sensibles. Elle/Il préfère de loin les sujets qu'il maîtrise. Subtilement ou non, vous verrez cette personne utiliser des techniques comme:

- la culpabilité *"tu ne m'écoutes jamais"*

- le désespoir *"on pourrait parler de quelque chose de plus drôle, non?"*

- la jalousie *"c'est toujours pareil avec toi! Tu es trop sérieux."*

- le renversement de situation *"Pourquoi on ne parlerait plutôt de ma journée?"*

- la ruse *"Tu devrais plutôt te préoccuper de ton poids au lieu d'avoir ce genre de considération!"*

- le syndrome de Napoléon (ou comment ramener la conversation dans un thème qu'elle connaît) *"Oui, mais bon, tout ça, ça ne change pas ... C'est lié à ........"*

- la colère *"Toi, toi, toi! On parle toujours de toi! Tu n'as jamais été là pour moi."*


Autocentrée à l'extrême, la personne qui est dans cette phase Princesse/Peter Pan fait TOUT ce qu'elle peut vous convaincre qu'elle est dans le vrai et que vous êtes dans le faux...que vous devriez faire comme elle. Vous vous souvenez du Livre de la Jungle et du serpent qui répétait *"Aie confiance...."* en cherchant à hypnotiser? C'est exactement le même genre de comportement.

Le plus tordu dans cette affaire, c'est que cette forme de prosélytisme quand elle est trop évidente, qu'on l'a repérée ou qu'on refuse d'y adhérer engendre une colère noire chez la Princesse/ Peter Pan.

Elle a perdu son "pouvoir" et tel un grand gourou qui rêve de vous voir entrer dans le cercle des adorateurs de la Princesse/ Peter Pan, elle doit reconnaître sa défaite. Elle est contrainte d'accepter que son nouveau jouet ne rejoint pas sa collection et il n'y a rien de pire que la contrainte pour elle.

La contrainte ou la frustration sont les deux ennemies de la Princesse/ Peter Pan. Dès que vous arrivez à mettre le doigt dessus, le monstre aux yeux verts fait son apparition et tout d'un coup, la jolie féefée à son papapounet perd sa capacité à vous hypnotiser en battant des cils. Elle se montre telle qu'elle est. Un être humain... tout simplement... avec un "maquillage" qui fait plus souvent pitié qu'il ne fait rire.

Pathétique et incapable de voler seule, la Princesse/ Peter Pan fait comme l'albatros de Beaudelaire sur le pont du bateau. Il fait ce qu'il peut...

N'ayez JAMAIS honte de ce que vous êtes, de votre passé, de votre parcours. **Laissez les hyènes rire sur le bas côté et avancez tout droit!** Suivez votre rêve, chaque jour, chaque étape, chaque pas. Acceptez de tomber pour mieux vous relever et ne comparez jamais votre chemin avec celui d'un autre. Tout comme votre ADN est unique, votre parcours le sera aussi.

## Les Clés à Retenir:

- ☑ Les Princesses et les Peter Pan ne représentent pas la réalité.
- ☑ Ils sont une image déformée d'une réalité alternative qui ne dure jamais.
- ☑ Une fois les lumières rallumées, plus personne ne se soucie des Princesses.
- ☑ Etre fidèle à soi-même et à ses valeurs vous donne le courage et la capacité à avancer, peu importe ce qui se passe autour.
- ☑ Faites de votre mieux, même si ça paraît peu ou si ça paraît insuffisant.
- ☑ Comparez vos résultats avec ce que vous avez fait... pas avec ce que les autres font.

-Faites la liste de toutes les qualités qui vous définissent (prenez un minuteur, un papier, un crayon et 20 min....).

- Ecrivez tout ce qui vous vient et ne vous limitez pas.

- Vous êtes bien plus que toutes les critiques qu'on a pu vous faire!

- Soyez en fier/ fière.

# Chapitre 7: OMG tu es introvertie et entrepreneur

J'avoue que c'est le chapitre que j'avais le plus hâte d'écrire depuis le début du livre. Rien à voir avec le fait que ce soit le plus "récent" dans le temps. Cela dit, c'est pour cette étape que j'ai le plus de souvenirs de l'enchaînement qui m'a conduit à être là où j'en suis aujourd'hui.

Vous allez voir que les pièces du puzzle prises une par une n'ont pas grand chose à voir avec le tableau de fin. La première pièce, je l'ai découverte un soir de Novembre 2011 à Montréal durant une soirée entre amis. Ils avaient voulu aller au cinéma... Bien évidemment, j'ai traîné les pieds (enfin les bottes, je préférais déjà le théâtre) mais j'avais suivi le mouvement.

Je n'étais pas sortie de chez moi depuis des semaines alors, pour une fois. Il faisait déjà froid sur la rue Sainte Catherine. La neige allait arriver et on se pressait pour rentrer au chaud. Je n'ai même pas prêté attention au titre du film, j'étais assise et j'avais un semblant de vie sociale, ça me suffisait. Je ne savais pas que je ne serais plus jamais la même à la fin de la séance.

En sortant de la salle, deux heures après, j'ai regardé le billet que j'avais à la main **"In Time"** le titre du film me sautait aux yeux. Je n'avais pas une seconde à perdre. La vie est trop courte, je devais trouver quoi en faire; quitte à ce que je n'ai aucune autre perspective.

Il fallait que j'essaie. J'ai serré les dents jusqu'à la remise de ma thèse, j'ai patiemment corrigé mon manuscrit et j'ai soutenu tout ça par un drôle de matin de mai. Pour être honnête, je ne me souviens de pratiquement rien de cette soutenance... Juste un sentiment de vide et cette impression d'avoir tellement froid. Je me rappelle avoir exécuté ma présentation et puis avoir religieusement répondu aux questions qui m'étaient posées. Je me vois claquer des dents et entendre une amie me demander pourquoi est ce que mes lèvres étaient si bleues... Et puis, plus rien... jusqu'à ce qu'on me fasse rentrer dans la salle des délibérations. Je venais de décrocher mon doctorat avec mention.

Fin 2013, j'étais Docteur avec une seule certitude: le pire était à venir. J'allais découvrir la seconde pièce.

Durant plus de 18 mois, j'ai envoyé, chaque jour, au moins une candidature académique. J'ai rédigé 38 versions de mon CV dans deux ou trois langues. J'ai créé 86 projets de recherche. J'ai participé à 457 concours pour des postes plus ou moins liés à l'enseignement. J'ai démarché tout mon réseau. J'en ai appelé au député de l'époque et j'ai tenté de faire valoir mon expérience et mon parcours auprès de tous ceux qui pourraient en bénéficier.

Je pensais naïvement que la sécurité de proximité était au coeur des préoccupations et que savoir comment améliorer le renseignement dans les quartiers difficiles pourrait être une valeur ajoutée pour les politiques locales. Encore une fois, j'avais tort. Les réponses négatives se sont accumulées sur mon bureau. J'ai été priée de passer le concours de la police nationale en catégorie C... ok, merci, bonsoir.

J'ai pris le problème à l'envers et j'ai créé ma petite entreprise de conseils en criminologie... Le flop le plus complet! Rien ni personne ne semblait être intéressé par mon travail.

Même si mon ego en a pris en un coup, ce sont surtout les événements que la France a connu en 2014 qui m'ont fait le plus mal. Je me suis sentie impuissante et inutile. A la limite, j'aurais préféré qu'un autre criminologue soit en charge du dossier et montre la voie... Mais, au lieu de ça, la France s'est gargarisée en mettant en avant des "criminologues" légalement autoproclamés. Grand bien leur fasse... Ce ne sera plus mon combat, au moins, pour le moment.

Ce qui m'attendait dans la troisième pièce allait commencer à donner un peu de sens à tout ce melting pot.

# Section 1: La troisième pièce ... Merci Myers Briggs

Après la radiation de mon entreprise de conseils, il fallait que je trouve une solution: un plan B. Un soir, au hasard d'une recherche sur la manière de présenter mes compétences, je suis tombée sur ce que j'avais l'habitude d'appeler un "test de pintades".

J'adore faire ce genre de tests en été. J'achète un magazine, je me colle au soleil avec de l'eau, un grand chapeau et mon plus joli crayon de papier pour compléter, compter les ronds et les carrés histoire de savoir où j'en suis. D'ailleurs, dans le même genre, chaque été, j'avais l'habitude d'acheter un "roman de pintade" que je dévore sans grande conviction mais avec l'esprit léger.

Sauf que, cette fois-ci, j'étais tombée sur un test bien différent: le test de Myers Briggs (on l'appelle aussi MBTI test et il est accessible gratuitement sur internet ici: https://www. 16personalities.com/fr/test-de-personnalite)

J'ai, religieusement et scrupuleusement lu chaque item, j'y ai répondu et je n'avais qu'une hâte: lire le résultat. Là, devant mes yeux, j'avais la confirmation de ce que je présentais depuis une bonne vingtaine d'années. J'étais introvertie. Je suis introvertie (ISTJ pour être plus précise).

Ce n'était pas tant l'accumulation de lettres qui a de l'importance mais plutôt l'ensemble des traits de caractère qu'on retrouve chez cette structure de personnalité. J'avais enfin sous les yeux, noir sur blanc, la preuve scientifique et sérieuse qu'être introvertie n'était pas une tare à soigner. Des dizaines de revues de littératures plus tard, je pouvais enfin tordre le cou à cette idée idiote que j'avais forcément besoin de me forcer à être extravertie pour être heureuse, réussir, aimer la vie.

Non, j'étais et je suis introvertie pour le meilleur et pour le meilleur. A toutes les mauvaises langues qui saluent mon pessimisme, j'ai le plaisir de leur dire de passer leur chemin et de commencer par balayer devant chez eux. Le trip des lunettes roses pour voir la vie, ça va quand on a 3 ans mais pas quand on en a 30.

Découvrir qu'on partage des points communs avec des "célébrités" a aussi son avantage. J'en suis arrivée à la conclusion que de nombreux héros des temps modernes sont introvertis et que cela ne les a pas empêché d'atteindre leurs buts. Même si le monde qui nous entoure semble être conçu pour le bon vouloir de nos amis qui vivent sur la planète extra, force est de constater que la galaxie des intros a aussi son mot à dire.

La communication entre les deux n'est surement pas la même et elle n'est certainement pas perçue avec la même intensité mais qui est-ce-que ça dérange. Le plus important est de reprendre la main sur sa "voix", de faire en sorte que notre message soit entendu. Pas besoin de vouloir réinventer la roue, le message peut être tout simple, il n'en est pas moins important. Ce sont souvent les messages les plus "communs" qui trouvent le plus d'écho dans la vie quotidienne.

Être introvertie, c'est aussi ouvrir toute une quantité de paquets un lendemain de Noël. On ne sait pas que c'est là mais on est super content de les déballer les uns après les autres.

Je ne veux pas parler pour tous les introvertis mais dans mon cas, découvrir que je suis introvertie est une sorte de libération. C'est une manière de ne plus avoir à justifier mes actes.

Je suis de la galaxie intro et je ne suis pas une bête curieuse. C'est un peu comme un fardeau qu'on retire de mes épaules. Je ne suis pas bizarre, je suis juste différente. Je suis unique dans mon genre.

Mes apparentes "faiblesses" sont instantanément devenues des forces. Je modifie le jeu de cartes qu'on m'a distribué pour en faire des atouts et rafler la mise. On me dit paranoïaque à vouloir envisager toujours le pire, ça devient l'une des mes plus grandes forces. J'anticipe tout et tout le temps dans mon travail ce qui permet à mes clients d'avoir un service de très haute qualité. On me dit froide et calculatrice, incapable de tisser des liens... Je suis juste en retrait et exclusive. Je choisis quand et avec qui je me lie. Elitiste, je préfère de loin la qualité à la quantité.

Bornée et inflexible, je suis surtout droite, loyale et fidèle. Je soutiens toujours mes amis et je leur prodigue mes conseils lorsqu'ils en ont besoin mais gare à celui qui cherche à me manipuler ou à me trahir. Ma colère est aussi dramatique et impressionnante que ma générosité. Cerise sur le cupcake, je ne reviens pas en arrière après une trahison. Je pardonne pour avancer mais je n'oublie rien.

Ce qui est perçu comme un défaut par votre entourage doit être largement relativisé. En effet, chaque personne analyse le comportement en fonction des filtres de sa propre vie. Il y a donc une sorte de déformation, un effet d'optique (un peu comme lorsqu'on met une paille dans un verre d'eau, la paille paraît être cassée uniquement par un effet de lumière).

Ce n'est pas parce qu'on vous taxe des pires maux de la Terre que c'est une réalité. C'est peut-être en partie vrai et, dans ce cas, vous le sentez parce que les personnes qui vous en parlent sont si proches de vous que vous leur faites confiance. (Pitié, ne faites pas aveuglément confiance comme j'ai pu le faire. Prenez votre temps et évaluez l'état d'équilibre de la relation avant). Mais cela peut aussi être complètement faux et être lié à une forme de jalousie. On cherche à vous attaquer parce que c'est simple, commode ou juste "plaisant".

Plus important encore, gardez toujours une part de mystère et de secret en vous. Un espace qui n'appartient qu'à vous et dans lequel vous pouvez vous réfugier quand le tonnerre gronde ou que le doute vous assaille. Rassemblez y vos bons moments, vos souvenirs, vos victoires (oui, réussir à composer un bouquet, c'est une victoire comme de courir un marathon ou de réussir un boeuf mironton).

Créez un périmètre de sécurité autour de cet espace et protégez le de toutes les agressions extérieures. Vous pouvez y revenir autant de fois que vous le voulez et y redécouvrir le fil de vos petits bonheurs sans culpabilité.

C'est ça le sens de la magie dans la vie quotidienne selon moi. Ni licorne, ni bougie à l'huile de chewing-gum pour être heureux, juste le plaisir tout simple d'aimer être avec soi.

# Section 2: La dernière pièce du puzzle

Janvier 2015, je lance www.OphelieBottin.com. J'essaie de rassembler mes idées et de proposer des services utiles à tous. Grosse erreur, on ne peut jamais plaire à tout le monde et on ne devrait pas essayer de le faire. Résultat: en quelques mois, je suis épuisée et le résultat n'y est pas encore. Je peine, les questions se précipitent dans mon crâne.

Est-ce que j'ai encore échoué? Est-ce que je suis nulle à ce point là pour ne pas arriver à isoler ce que je sais faire pour aider?

Deux ans plus tard, j'ai la réponse à ces questions. Brutalement honnête, la réponse est pourtant très simple: je débutais. Aucun réseau, aucune connaissance informatique, pas de visibilité, j'ai créé mon premier site web après des heures, des semaines et des mois de larmes en programmation. Depuis, le même site web a été revampé deux cents fois si ce n'est plus...

J'ai suivi quelques centaines d'heures de formation pour acquérir la base, maîtriser le minimum vital et commencer à me faire un nom.

Sauf que… sauf que ce n'était pas encore tout à fait ça. Il y avait quelque chose qui clochait. Je n'arrivais pas à être vraiment bien dans mes talons hauts. Je trainais des pieds, il me manquait encore quelque chose.

Durant ces deux premières années, j'ai clairement caché que j'étais introvertie. Je ne voyais pas comment l'utiliser et je savais aussi que c'était perçu comme une tare et un défaut (surtout en France). Histoire d'ego ou de machisme sous jacent, il n'en reste pas moins que les pièces ne s'emboitaient pas vraiment.

C'était d'autant plus frustrant que, parallèlement à tout ce travail en français, je continuais à suivre les développements du marketing et des entrepreneurs digitaux dans le monde anglo saxon. J'y voyais rapidement des possibilités et je rêvais de pouvoir les rejoindre. Mais, je ne voyais pas à quel titre ni comment me démarquer sans faire l'effet d'une énième personne dans le même thème.

En réalité, **j'étais en train de chercher comment être introvertie ET entrepreneur**. Je voulais montrer, prouver, démontrer aussi qu'être introvertie c'est réussir à notre façon sans subir la pression de l'entourage extraverti et la pression qui va avec. Je savais également que c'était un projet qui allait changer non seulement ce que je pensais de moi mais aussi qui allait être une vraie révolution pour mon entreprise.

En Janvier 2017, je me suis lancée: The Intropreneur's Website ©
est né. Cinq ans et demi après avoir vu ce film par un froid
vendredi de novembre, j'ai, enfin, mis toutes les pièces ensemble
pour créer quelque chose de tout neuf, quelque chose qui me
ressemble et qui vient en aide à tous les autres introvertis. Je
suis à la tête d'un nouveau concept: Intropreneur © et pas peu
fière en plus.

C'est l'une des plus décisions les plus épanouissantes que j'ai
prises depuis longtemps. Cela me rend d'autant plus heureuse
que j'arrive à mener de front mon entreprise française tout en
développant légalement une plateforme en anglais pour ce qui
me tient tellement à coeur.

Autre corollaire positif, je suis "contrainte" de recentrer mes
services en France et surtout de faire ce que je n'ai pas fait
deux ans plus tôt: **cibler davantage mon pré carré pour offrir
un niveau de services encore plus personnalisé**. Moins
d'offres mais des produits encore plus spécialisés… Des solutions
construites et pensées pour répondre concrètement à des
besoins spécifiques… Pour la première fois depuis longtemps, j'ai
l'impression d'être au bon endroit, au bon moment.

Etre entrepreneur est un chemin qui a mis du temps à s'imposer à moi... Je crois même que si on m'en avait parlé il y a 10 ans, je n'y aurais pas cru. Mais, aujourd'hui, c'est une évidence. Cela fait partie de moi et de la liberté dont j'ai tellement besoin. En 2011, je ne savais pas où me mènerait mon chemin, j'ai accepté les étapes les uns après les autres. J'ai chuté (souvent), je me suis relevée au moins autant de fois et puis, j'ai lentement (très lentement diront certains) étiré ma zone de confort.

J'ai appris à utiliser mes faiblesses pour en faire des forces. **J'ai troqué le doute pour la peur parce que la peur est toujours plus petite que nous.** On peut donc la regarder en face et en venir à bout, une étape à la fois. C'est une chose que de parler anglais, s'en est une autre d'être capable de convaincre des inconnus à vous faire confiance et de leur délivrer un contenu de qualité au point qu'ils acceptent de vous payer pour vos compétences.

Etrangement, c'est presque plus "facile" pour moi de penser, d'écrire et de réfléchir en anglais. C'est pratiquement une évidence dont je n'arrive pas vraiment à expliquer la raison. Tout ce dont je suis consciente, c'est qu'Intropreneur © a vocation à grandir et à se développer... Qui sait, c'est peut-être un indice de la prochaine étape de ma vie et je suis certaine que la vie n'a pas fini de me réserver quelques surprises.

A tous les sceptiques qui pensent qu'être introvertie n'est pas compatible avec le fait de gérer une entreprise, je réponds qu'il vaut mieux être introvertie que de vendre des courants d'air en surfant sur des pseudos tendances et en ayant comme seul objectif d'acheter le prochain sac de la marque machin.

A ceux qui me prennent de haut et me regardent en biais (essayez c'est pas facile de faire les deux en même temps) en me demandant: *"Mais qu'est ce que TOI tu peux vraiment apporter à un entrepreneur?"* J'ai le plaisir de leur répondre qu'en 2017, on voit apparaître de plus en plus de métiers liés aux services dont on n'imaginait même pas l'existence il y a encore 10 ans. Je pense aux spécialistes de l'endormissement de bébés de moins de 3 ans, aux community manager, aux spécialistes de e-réputation.

Jean d'Ormesson estime même que nous vivons dans une époque formidable parce que d'ici 20 ans, plus de 80% des métiers seront nouveaux... et que les premiers arrivés seront les premiers servis. Tous à table, j'ai envie de dire!

Personnellement, j'aide les entrepreneurs digitaux à créer du contenu inspirant et à choisir comment le structurer pour le partager efficacement sous forme de cours en ligne ou d'infoproduits.

L'objectif étant de développer une audience ciblée pour l'entrepreneur et de lui permettre d'animer des conférences ou des ateliers web.

Mon activité en anglais est centrée exclusivement sur les Intropreneurs © et je les aide à adapter les ficelles du métier d'entrepreneur digital pour qu'ils puissent partager leurs compétences dans des situations de live (comme un atelier, un webinaire ou un événement) et rester fidèle à leur introversion.

En fin de compte, ce qu'il faut retenir de cette section c'est qu'il ne faut pas écouter les voix des perfides qui vous entourent. Vous n'êtes pas obligés de devenir entrepreneur et vous n'êtes peut-être pas introverti...Vous n'avez pas à suivre mon chemin mais vous pouvez sûrement vous en inspirez pour repérer les indices que la vie vous donne pour vous guider vers quelque chose qui vous donne le sourire chaque matin.

Cela pourrait être de faire du tricot, du pole dance, de courir des trails, de changer de métiers, de déménager, d'avouer à Machin que vous l'aimez (ou que vous ne l'aimez plus)...

On oublie trop souvent d'apprendre à se faire confiance, surtout quand on a subi beaucoup de coups durs dans la vie. On a, d'abord, besoin de panser ses plaies avant d'imaginer être capable de se lancer dans une nouvelles aventure.

La vie vous offre un cadeau, allez vous l'ouvrir ou est ce que vous allez rester à côté en regardant votre chance passer? Est-ce que vous ferez mieux qu'Harriette qui a couru un marathon en 2016 à l'âge de 92 ans alors qu'elle avait eu un cancer du sein quelques années plus tôt? Ou est-ce que vous allez passer votre existence à jouer les Princesses incapables en attendant qu'un Prince plus aveugle que les autres et surtout très riche vous emmène dans son château de plastique?

Si j'ai la chance de prendre un café avec vous et qu'on se rencontre pour la première, vous aurez du mal à me faire taire lorsqu'il s'agit de parler d'Intropreneur© ou de mes services VIP en France. Est ce que je suis devenue extravertie pour autant? Oh que non... J'ai juste, enfin, l'impression d'être sur les "bonnes" rails et de savoir de quoi demain sera fait.

Est-ce que j'en ai fini avec les défis et les challenges? Sûrement pas! Vous non plus d'ailleurs. Ce n'est pas supposé s'arrêter. Personne n'arrive à la perfection du premier coup. Parfois, on en est proche et parfois, certains projets mettent des années à voir le jour. Ce n'est pas si grave, il suffit de l'accepter et d'avoir toujours un plan B.

Les critiques et les suspicions seront toujours là... On ne change pas l'être humain, surtout, quand ce dernier est jaloux du courage que vous avez et qu'il n'a pas. La meilleure des défenses reste l'attaque.

Alors, ne soyez pas surpris si, au moment où les choses commencent à aller bien dans votre vie, les petites voix perfides essaient de vous mettre un genou à terre. **Dites vous que ça fait partie de la nature humaine et n'essayez pas de les faire changer.** Vous perdriez votre temps et votre énergie.

Peu importe ce que vous choisissez de faire de votre vie, les cartes que vous avez reçues ne détermineront jamais qui vous êtes, ni ce que vous devez devenir. **Vous êtes libre, insoumis et #AbsolumentVous.**

### Les Clés à Retenir:

- ✅ Parfois, il faut plus de temps qu'on ne l'imagine pour comprendre ce que sera notre chemin.
- ✅ Il peut être compliqué de remettre en ordre toutes les pièces ou tous les indices qu'on nous donne au fil de l'existence.
- ✅ Il est important de rester ouvert à ce qui se passe autour de nous.
- ✅ On y retrouve parfois des coïncidences ou des preuves du chemin qu'il nous faudrait prendre.

☑ On n'a pas besoin d'avoir réussi dans la vie pour être heureux, mais on a besoin d'être heureux pour réussir.

*A Vous*

-Quels sont les rêves que vous aimeriez accomplir d'ici un an, cinq ans, dix ans?

- Parmi ces rêves, lequel ou lesquels impliquent vos passions ou ce que vous faites particulièrement bien?

- Comment pourriez vous transformer ce rêve en réalité étape par étape?

# Chapitre 8: Et Maintenant? On fait quoi?

Peu importe qu'on ait 18, 35 ou 80 ans, il n'est jamais trop tard ou trop tôt pour jeter un oeil sur notre passé. Mais plus important encore, **il n'est jamais trop tard pour apprendre de nos choix et de nos expériences.** L'exercice n'est ni vraiment facile, ni vraiment évident. Il requiert à la fois du temps et pas mal de courage aussi.

Très peu de personnes ont le courage de faire ce que vous venez de faire... Elles sont encore moins nombreuses à comprendre le potentiel de ce type d'exercice à moitié ou à long terme. Bien sûr, il est toujours possible (et parfois même souhaitable) de faire ce travail avec un tiers. Le fait qu'il soit extérieur peut, dans certains cas, nous permettre de prendre du recul  sur nous même ou sur notre pratique.

Cependant, ce genre de relation d'aide implique beaucoup de confiance, beaucoup de temps et au moins autant de "chance" de tomber sur quelqu'un qui voudra vous "imposer" son point de vue ou avec qui vous n'arriverez pas forcément à communiquer simplement.

Je me souviens encore d'une psychiatre qui voulait absolument me faire dire que si j'étais célibataire c'était parce que je ne vivais pas sereinement ma relation avec ma mère et que je n'admettais pas d'être lesbienne.

Quand j'ai décidé d'écrire ce livre, je me suis demandée comment il serait perçu... J'ai longtemps eu peur des critiques qui allaient être faites ou des remarques qui seraient dirigées contre moi, mon passé, mes choix. Il est toujours plus facile de critiquer ce qui a été tenté par les autres que de regarder en face ce qui cloche chez soi. **#AbsolumentMoi,** c'est un peu comme la première étape ou le premier pas vers un nouveau chemin, un nouvel avenir qui n'appartient qu'à vous; ici et maintenant.

**#AbsolumentMoi** est la synthèse de 7 grands moments de ma vie et des leçons que j'ai pu en tirer au fil des années. Nous vivons tous ce que les psychologues perçoivent comme des traumatismes. Petits ou grands, nombreux ou sporadiques, ils nous marquent tous. Certains laissent même une marque indélébile sur notre personnalité, notre comportement ou nos réactions. Vous vous souvenez de ma peur du vent? 25 ans après, cette peur est toujours là et pourtant, elle est bien loin derrière moi.

Avant de vous laisser prendre votre envol, j'aimerais vous inviter à faire/ à refaire/ à relire les réponses que vous avez données à la fin de chacun des chapitres. J'ai pensé, conçu et créé ce livre pour être bien plus qu'un livre de développement personnel. Il est votre journal, votre compagnon, votre coffre au trésor et j'espère de tout coeur que vous allez le décorer, le peindre et même ajouter des autocollants, des doodles ou n'importe quoi qui vous fait plaisir.

Oui, je sais que relire les réponses à vos questions peut être douloureux au début et puis, après un temps, vous vous rendrez compte du chemin que vous avez parcouru... **A la honte ou au découragement succédera la fierté, le courage, la persévérance et la détermination.**

C'est LÀ votre force, votre plus grande satisfaction... Nous avons tous le droit de ne pas être au top tous les jours, tout le temps... On ne cherche pas à gagner la course mais juste à avancer pas à pas vers ce qui nous rendra plus heureux, plus satisfait, plus serein (et peu importe ce que vous pouvez mettre derrière chacune de ces définitions tant qu'elles représentent quelque chose pour vous).

Vous n'avez pas à suivre le chemin que vos amis, votre famille, vos proches ont envie de tracer pour vous... parce que c'est plus confortable, plus rassurant ou plus sécurisant pour EUX! **Par contre, vous avez le devoir moral de trouver ce qui vous donne le sourire, de comprendre comment vous fonctionnez au quotidien, de faire de votre mieux chaque jour et de devenir l'homme ou la femme que vous rêvez de devenir tout au fond de vous.**

**#AbsolumentMoi** est un moyen de mettre le pied à l'étrier, de démarrer une nouvelle phase de votre existence loin des contraintes et des pressions de votre environnement.

Maintenant, c'est à vous de cultiver, au quotidien, ce qui vous rend unique et heureux. Vous pouvez saisir l'opportunité de repenser qui vous êtes et ce que vous voyez dans le miroir chaque matin.

Vous pourriez, par exemple:
-avoir envie de vous mettre à la peinture
-courir un 5K
-coudre ou broder
-partir en voyage
-rompre avec des amis ou des proches toxiques
-écrire ou peindre

Le ciel est votre seule limite. **Laissez la créativité et votre unicité vous guider sur un nouveau chemin.** Vous pourriez être surpris de celui/ celle que vous allez croiser au détour du voyage.

Croire en soi, c'est bien plus qu'exhiber un carnet de méditation bien rempli ou jouer les dames patronnesses de la bienveillance accomplie. Vous n'avez pas besoin, non plus, de danser un soir de lune bleue autour d'un feu de camp au son des chouettes qui s'égosillent. **Croire en soi, c'est avoir suffisamment confiance en ses qualités pour se lancer, pour essayer, pour se relever, pour recommencer et pour être fier de vous!**

Pour dire haut et fort, chaque matin & avec le sourire, **je suis #AbsolumentMoi.**

# Notes

Utilisez cet espace pour noter les idées que vous
avez, vos envies ou encore vos rêves. Pas de limite!
Juste entre vous et moi. ***

# Qui est l'auteur?

Après pratiquement 10 ans entre la Suisse et l'Amérique du Nord, elle décide de rentrer en France et de suivre sa passion. Fière d'être introvertie, Ophélie B. a fondé OphélieBottin.com en Janvier 2015. Fin 2016, elle a lancé the Intropreneur's Website et elle est à l'origine du Hygge Planner© (dont la sortie est prévue en Aout 2017)

Docteur en criminologie et juriste en droit pénal, Ophélie est passionnée par l'enseignement, l'organisation et par le fait de pouvoir trouver des solutions là où il n'y en a apparemment pas. Elle est l'auteur de plusieurs ouvrages comme: La preuve par neuf, Mon Client Idéal est un cupcake ou encore E Book 3.0 (tous disponibles sur www.Amazon.fr)

Partie de rien (et avec beaucoup de dettes), elle sait mieux que quiconque les défis que doivent relever les introvertis qui se lancent dans l'entreprise. Le manque de budget, la nécessité de démarrer sans réseau, la peur du syndrome de l'imposteur... Les solutions « miracles » qui semblent être bonnes SEULEMENT pour les extravertis... L'angoisse du réseautage ou la peur de parler en public... Si vous y avez pensé, Ophélie a du l'essayer de près ou de loin.

C'est pourquoi, elle a développé des solutions destinées aux INTROVERTIS et à leur envie de partager leur message avec le monde en respectant leur nature introvertie.  Tranquillement chez vous (avec des cours en ligne), elle vous aide à gagner en crédibilité et en liberté.

Pour découvrir ce qu'Ophélie peut faire pour vous, visitez www.opheliebottin.com

PS: Téléchargez les exercices du livre en version PDF, en visitant www.opheliebottin.com/absolumentmoi

PPS: Si vous êtes prêt pour aller encore plus loin, inscrivez-vous au challenge de 7 jours en visitant www.opheliebottin.com/challenge